铁路培训教师进阶之培训技术实操

许建林　崔亚伟◎主　编
李志南　李　敏◎副主编

中国铁道出版社有限公司
2022年·北　京

内 容 简 介

本书从职业培训的工作需要出发，针对职业培训日常工作中所需的专业知识与技能，以及需要掌握的主要工具，结合铁路各类岗位培训技术应用的实际情况及培训经验，整理了适宜以工作为导向的培训运营模式设计方法、课程创建方法、培训评价方法、培训实操方法、培训媒体创建方法，这些方法可以直接应用于培训工作。

本书可作为铁路企业培训教师的学习用书，同时还可作为职业教育领域教师的参考用书。

图书在版编目（CIP）数据

铁路培训教师进阶之培训技术实操/许建林，崔亚伟主编. —北京：中国铁道出版社有限公司，2022.10

ISBN 978-7-113-29172-3

Ⅰ.①铁… Ⅱ.①许… ②崔… Ⅲ.①铁路工程-师资培养 Ⅳ.①U2

中国版本图书馆 CIP 数据核字（2022）第 090124 号

书　　名：铁路培训教师进阶之培训技术实操
作　　者：许建林　崔亚伟

策　　划：亢丽君
责任编辑：亢丽君　　**编辑部电话：**（010）51873205　　**电子邮箱：**67204751@qq.com
封面设计：郑春鹏
责任校对：苗　丹
责任印制：高春晓

出版发行：中国铁道出版社有限公司（100054，北京市西城区右安门西街 8 号）
网　　址：http：//www.tdpress.com
印　　刷：北京柏力行彩印有限公司
版　　次：2022 年 10 月第 1 版　2022 年 10 月第 1 次印刷
开　　本：787 mm×1 092 mm 1/16　**印张：**6.75　**字数：**153 千
书　　号：ISBN 978-7-113-29172-3
定　　价：29.00 元

前　言

随着铁路的高速发展,从事铁路职工培训任务的广大专兼职教师急需提高自己的培训技术,才能满足铁路职工学习新知识与技能的需求。

信息技术的快速发展和教育技术新形态的变化,特别是微课、翻转课堂、线上/线下/虚拟空间/真实空间混合式学习、学校/企业一体化培训、人工智能等新的学习形态的出现,不仅带来培训形式和学习形式的重大变化,更重要的是对培训的观念、模式和方法产生深刻影响。

现代化教育技术要求培训教师的知识结构具有多层复合的结构特征。传统的"专业能手""专业技术专家"型铁路职工培训越来越不能够"得心应手"地开展培训工作。现代化教育技术环境下,教师角色应从传统意义上的知识与技能的传授者转变为学习过程的组织者和协调者,即对学习者的学习活动进行指导、计划、组织和协调,并注重培养学习者自我学习及获取知识和技能的能力。另外,随着培训形式的多样化、互动化以及开放化,教师应将信息技术渗透到课程目标、课程内容、课程资源、课程结构及课程的实施方法中,以便为学习者自主学习打下良好的基础。

铁路职工培训的发展离不开铁路培训教师现代化教育与信息技术应用能力的提升。本书不是从理论上探讨教育技术和信息技术,而是从如何"综合"应用教育技术和信息技术的角度,总结了铁路培训技术指导课程的经验,为广大铁路培训教师提升培训能力提供一种可行的技术路线。

本书由河北轨道运输职业技术学院许建林、崔亚伟担任主编,河北轨道运输职业技术学院李志南、李敏担任副主编。参加编写的还有北京立枫科技有限公司王伟,河北轨道运输职业技术学院肖伟、李颖、霍计成。

由于水平所限,书中错误在所难免,恳请广大读者批评指正。

编　者

2022 年 3 月

目　录

学习情境一　培训运营模式设计

培训运营模式是指对培训课程创建及应用过程的设计、组织、实施和诊改活动，是与培训课程创建和应用密切相关的各项管理工作的总称。它包括基于问题的培训运营模式、基于主题的培训运营模式、基于操作训练的培训运营模式等。本书以基于问题的培训运营模式为重点进行讲述。

一、概念

基于问题的培训运营模式是指在一定教学思想或建构主义理论指导下，以"源于问题"和"做中学"为核心的相对稳定的培训活动的基本结构或框架。

二、主要类型

基于问题的培训运营模式主要包括案例培训模式、项目培训模式、PBL 培训模式等。

1. 案例培训模式

案例培训模式是通过"复盘"工作任务或典型工作任务，创建具体学习任务的培训模式。

在学习任务中，教师的培训案例应来自工作岗位真实情境的事件（或问题），学习者通过对案例的独立思考与分析，提升理解水平，再通过相互讨论，逐步提炼、归纳总结、内化知识、迁移整合，最终达到提升学习者创新精神和实际解决问题等能力的目的。

基于案例培训模式的案例通常包括良构问题案例、劣构问题案例和类比案例。

（1）良构问题案例

良构问题案例是指由典型工作任务构成的案例。

学习者通过学习典型工作任务构成的案例，建构相应的概念，并尝试与自己已有的知识、技能进行整合，从而促进学习者将案例中学习到的知识、技能迁移到工作实际解决新问题上。

（2）劣构问题的案例

劣构问题案例是指由（特定）工作任务构成的案例。

劣构问题案例源于实际工作任务的细节问题（有时是有待解释的问题），给学习者提供了分析、讨论问题的机会。学习者在探索解决该问题的相关知识与技能的过程中，建构自己对案例的解释，促进创新性思维的产生。

(3)类比案例

类比案例是指将源问题中的关系模式映射到目标问题中的案例。

从认知角度来看,问题之间的类比是当使用问题进行类比时,目标问题就是要解决的问题。培训活动需要呈现给学习者结构类似的问题去进行比较和对照,帮助学习者更好地理解一个新的概念。例如:在DK-1型机车制动系统列车管压力控制模块中,将列车管充气风源控制比喻成生活中水流管道的阀门控制。

2. 项目培训模式

项目培训模式是通过设置(完整的)项目,让学习者在协同完成项目的过程中,掌握隐含于项目中的知识、技能的培训模式。

项目培训模式不是把教师掌握的现成知识、技能传递给学习者作为培训的目标,也不是让学习者按照教师的安排获得"标准答案式"的学习成果。而是在教师的指导下,由学习者自主完成一个项目的全过程(主要包括信息收集,方案设计,项目实施,与不同专业、不同部门的同事协调、合作及最终评价等),最终获得学习成果。

3. PBL 培训模式

PBL 培训模式是通过设置有意义的问题,让学习者在协同解决真实性问题的过程中,掌握隐含于问题背后的知识和技能的培训模式。

PBL 培训模式将传统的各科课程关联的知识、技能通过问题这个"平台"横向连接起来,有效地帮助学习者从不同学科角度"交叉"解释问题、解决问题,并在查阅文献、阅读资料、小组讨论、听讲座和报告等形式的学习过程中,重构学习者跨学科的综合型知识和技能结构。

关联知识

一、基于问题的培训运营模式的实质

1. 强调以学习者为中心

要在学习过程中充分发挥学习者的主动性,要能体现出学习者的首创精神;要让学习者有多种机会在不同的情境下去应用他们所学的知识;要让学习者能根据自身行动的反馈信息来形成对客观事物的认识和解决实际问题的方案。以上三点,即发挥首创精神、将知识外化和实现自我反馈可以说是体现以学习者为中心的三个要素。

2. 强调"情境"对意义建构的重要作用

学习总是与一定的社会文化背景即"情境"相联系的,在实际情境下进行学习,可以使学习者利用自己原有认知结构中的有关经验去"同化"当前学习到的新知识,从而赋予新知识某种意义;如果原有经验不能同化新知识,则要引起"顺应"过程,即对原有认知结构进行改造与重组。总之,通过"同化"或"顺应"才能达到对新知识意义的建构。

3. 强调“协作学习”对意义建构的关键作用

学习者与周围环境的交互作用，对于学习内容的理解（即对知识意义的建构）起着关键性的作用。

学习者们组成学习小组，在教师的组织和引导下开展小组学习活动。学习者首先以批判性思维进行各种理论、观点和假说学习。然后，学习者在小组内提出各自的观点、论据以及相关的支撑材料，并且开展讨论和交流。在学习活动过程中，教师和每位学习者共同分享学习小组集体的智慧，共同完成对所学知识的意义建构。

4. 强调对学习环境（而非培训环境）的设计

学习环境是学习者可以在其中进行自由探索和自主学习的场所。在此环境中学习者可以利用各种工具和信息资源（如文字材料、书籍、音像资料、CAI与多媒体课件以及Internet上的信息等）来达到自己的学习目标。在这一过程中学习者不仅能得到教师的帮助与支持，而且学习者之间也可以相互协作和支持。按照这种观念，学习应当被促进和支持而不应受到严格的控制与支配。学习环境则是一个支持和促进学习的场所。基于问题的培训运营模式下的培训设计应是针对学习环境而非培训环境的设计。这是因为，培训意味着更多的控制与支配，而学习则意味着更多的主动与自由。

5. 强调利用信息资源来支持“学”（而非支持“教”）

为了支持学习者的主动探索和完成意义建构，在学习过程中要为学习者提供各种信息资源（包括各种类型的培训媒体和培训资料）。但是必须明确：这里利用这些媒体和资料并非用于辅助教师的讲解和演示，而是用于支持学习者的自主学习和协作式探索。

传统培训设计中，教师要根据学习者的认知心理和年龄特征，对信息资源的呈现作精心的设计。相比较而言，知行合一、工学结合培训设计中强调学习者控制着信息资源的选择、使用的权力。即学习者掌握着如何获取信息资源，从哪里获取信息资源，以及如何有效地加以利用信息资源等权利。

6. 强调学习过程的最终目的是完成意义建构（而非完成培训目标）

在传统培训设计中，培训目标是高于一切的，它既是培训过程的出发点，又是培训过程的归宿。通过培训目标分析可以确定所需的培训内容和培训内容的安排次序。培训目标还是检查最终培训效果和进行培训评估的依据。但是在育训结合的学习环境中，由于强调学习者是认知主体、是意义的主动建构者，所以是把学习者对知识的意义建构作为整个学习过程的最终目的。因此，培训设计通常不是从分析培训目标开始，而是从如何创设有利于学习者意义建构的情境开始。不论是学习者独立探索、协作学习还是通过教师辅导，整个培训设计过程紧紧围绕“意义建构”这个中心而展开。总之，学习过程中的一切活动都要有利于完成和深化对所学知识的意义建构。

二、学习迁移和迁移学习

学习迁移是指一个学习情境中习得经验对另一个学习情境习得经验的影响。学习迁移对学习者的基本要求在《论语》述而篇中就已经明确。子曰：“不愤不启，不悱不发。举一隅不以三隅反,则不复也。"意思是说:不到学习者努力想弄明白但仍然想不透的程度时先不要去开导他;不到学习者心里明白却又不能完善表达出来的程度时也不要去启发他。如果他不能举一反三,就先不要往下进行了。

迁移学习是属于机器学习的一种研究领域。迁移学习是指把在某领域中学到的知识"迁移"到另外一个相关领域里,即使用已具备的知识对不同但相关领域问题进行求解的一种机器学习方法。

三、良构问题与劣构问题

良构问题是指一直不断被诠释与应用的问题,一般有正确的答案和确定的解法。每一种良构问题所描述的问题、问题中所包含的要素、要素之间的相互关系和求解过程,都有一套固定的问题图式。

劣构问题则可能有多个解决方法、方案以及标准。因此,问题解决的过程并不确定会用到何种概念与方案。也就是说,劣构问题可以有多个诠释和解决方式。这类问题遍及我们的日常生活和职业生涯中。在接受完正规教育之后,大部分有正确答案的问题都会消失不见,随之而来的便是日常生活中我们所面对的有多种解释、多个视角和多种方案的问题。

四、培训策略

1."脚手架"策略

依据"远距离教育与训练项目"(DGXⅢ)中有关文件的描述,"脚手架"策略是指为建构学习者对知识的理解而提供的一种概念框架的策略。在学习过程中,这种概念框架像"脚手架"一样起着支架作用,不断促进学习者的智力从一个水平向另一个新的更高水平方向发展,真正做到使培训走在发展的前面。

"脚手架"策略实施环节包括搭建"脚手架"、进入情境、独立探索、协作学习、效果评价。

(1)搭建"脚手架"

依据"最邻近发展区"理论的指导,围绕当前的学习主题建立起概念框架。

最邻近发展区又称为最近发展区,它是指学习者现有的发展水平与有指导的情况下借助外界的帮助可以达到的解决问题的水平(或是借助于他人的启发帮助可以达到的较高水平)之间的差距。

(2)进入情境

将学习者引入一定的问题情境(概念框架中的某个节点)。

(3)独立探索

让学习者进行独立探索。探索的内容包括:确定与给定概念有关的各种属性,并将各种属性按其重要性先后顺序排列。

在学习者探索开始阶段,由教师启发引导(例如演示或介绍理解类似概念的过程)学习者,激发其学习的主动性。

在学习者探索过程中,教师要适时指导学习者,帮助其沿概念框架逐步攀升。指导要遵循“多—少—无”的原则,即初始阶段,教师的引导帮助多一些;随着学习者探索能力的增强,逐渐减少指导,增加学习者自己探索的机会,直至做到无教师引导,学习者自己能够在概念框架中,不断继续攀升。

(4)协作学习

进行小组协商、讨论。使小组内多种意见逐渐趋于一致,达到在共享集体思维成果的基础上,正确、全面地理解当前所学概念,完成对所学知识的意义建构。

(5)效果评价

对学习效果的评价包括学习者的自我评价和学习小组对个人的学习评价。评价内容主要包括:自主学习能力、对小组协作学习所做出的贡献、是否完成对所学知识的意义建构。

2.“抛锚式”策略

“抛锚式”策略是在有感染力的真实事件或真实问题(比喻为“抛锚”)的基础上,确定整个培训内容和培训过程。

“抛锚式”策略实施环节包括创设情景、确定问题、自主学习、协作学习、效果评价。

(1)创设情境

使学习能在和现实情况基本一致或相类似的情境中发生。情境设置与产生的问题一致。

(2)确定问题

在上述情境下,选择出与当前学习主题密切相关、难易适中的真实性事件或问题作为学习的中心内容。选出的事件或问题就是“锚”,这一环节的作用就是“抛锚”。

(3)自主学习

在培训中要充分发挥学习者的主体性。不是由教师直接告诉学习者应当如何去解决面临的问题,而是由教师向学习者提供解决该问题的有关线索,并特别注意发展学习者的“自主学习”能力。

(4)协作学习

讨论、交流,通过不同观点的交锋,补充、修正、加深每个学习者对当前问题的理解。

(5)效果评价

由于“抛锚式”策略的学习过程就是解决问题的过程,由该过程可以直接反映出学习者的学习效果。因此只需在学习过程中随时观察并记录学习者的表现即可得出效果评价结果。

3.“随机进入”策略

“随机进入”策略又称为“先行组织者”策略,它是指根据弹性认知理论,在培训同一内容时,要在不同的时间、不同的情境下,为不同的培训目的采用不同的呈现方式。换句话说,学习者可以通过不同途径、不同方式进入同样培训内容的学习,从而获得对同一事物或同一问题的多方面的认识与理解。

学习者通过多次“进入”同一培训内容将能达到对该知识内容比较全面而深入的掌握。这种多次进入,绝不是像传统培训中那样,只是为巩固一般的知识、技能而实施的简单重复。这里的每次进入都有不同的学习目的和不同的问题侧重点。因此多次进入的结果,会使学习者获得对事物全貌的理解与认识上的飞跃。

"随机进入"策略实施环节包括呈现基本情境、随机进入学习、思维发展训练、小组协作学习、学习效果评价。

(1)呈现基本情境

向学习者呈现与当前学习主题基本内容相关的情境。

(2)随机进入学习

取决于学习者"随机进入"学习所选择的内容,而呈现与当前学习主题的不同侧面特性相关联的情境。在此过程中教师应注意发展学习者的自主学习能力,使学习者逐步学会自己学习。

(3)思维发展训练

通常学习者"随机进入"遇到的学习内容比较复杂,并且所研究的问题往往涉及许多方面。因此,教师应特别注意发展学习者的思维能力,主要措施是:①教师向学习者提出的问题,应有利于促进学习者认知能力的发展,而不仅仅是提出纯知识性问题;②注意建立学习者的思维模型。教师可提出如"你的意思是指?""你怎么知道这是正确的?""这是为什么?"等问题;③注意培养学习者的发散性思维。教师可提出如"还有没有其他的含义?""请对A与B作出比较""请评价某种观点"等问题。

(4)小组协作学习

围绕呈现不同侧面的情境所获得的认识展开小组讨论。在讨论中,每个学习者的观点在和其他学习者以及教师一起建立的社会协商环境中受到考察、评论,同时每个学习者也对别人的观点、看法进行思考并作出反应。

(5)学习效果评价

学习效果评价包括自我评价与小组评价,评价内容与"脚手架"策略中的效果评价内容相同。

五、混合式学习环境转换模式

混合式学习环境是指组合多种教学场所,使学习者能够参与多个正式、非正式学习活动的系统。混合式学习环境转换模式主要包括刚性转换模式和柔性转换模式,如图1-1所示。

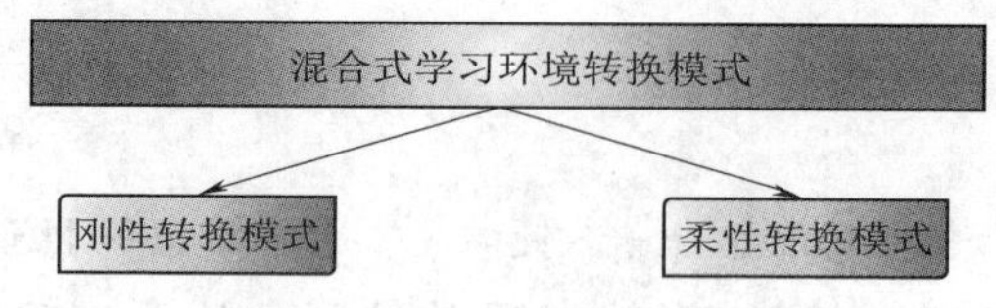

图1-1　混合式学习环境转换模式

1. 刚性转换模式

刚性转换模式是根据教师(学校、或企业培训部门)预先指定的计划,学习者按照固定的时间表或听从教师的安排在学习情境之间进行转换。刚性转换模式主要包括就地转换、机房转换和翻转课堂。

(1)就地转换

就地转换(图1-2)是指在学习情境内,学习者进行不同学习活动单元之间的转换。例如:线上自主学习活动单元、教师指导学习活动单元、协作学习活动单元之间的转换。

图1-2　就地转换

(2)机房转换

机房转换(图1-3)是指在学习情境内,学习者进行自主学习活动单元与教师主导的学习活动单元之间的转换。例如:自主学习活动单元(线下助教支持的学习活动、线上助教支持的学习活动)、教师主导学习活动单元之间的转换。

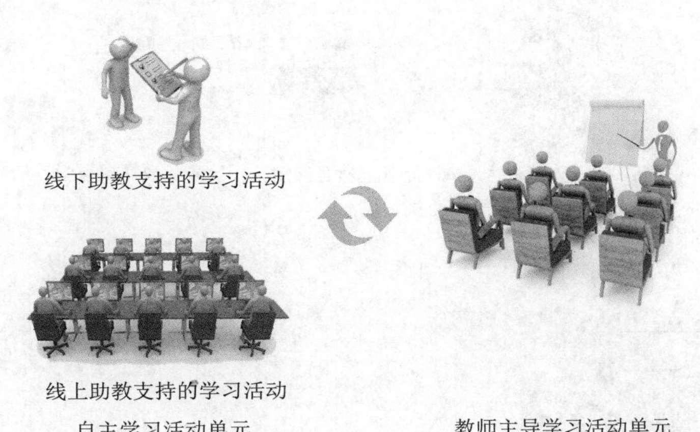

图1-3　机房转换

(3)翻转课堂

翻转课堂(图1-4)是指在学习情境外,学习者通过自己决定自己的学习内容、学习进度、学习资源获取方法、学习活动方式及时间等完成自主学习;在学习情境内,学习者以基于问题的培训运营模式构建学习任务,而后其专注于"问题"的学习,通过实践获得对知识与技能更深层次的理解。

图 1-4 翻转课堂

2. 柔性转换模式

柔性转换模式是在学习情境内，学习时间和空间是学习者根据自己的需求，由自己和教师共同个性化订制。柔性转换模式主要包括个体转换和弹性转换。

(1) 个体转换

个体转换(图 1-5)是指在学习情境内，学习者进行自主学习活动单元与教师主导的学习活动单元之间的转换。例如：协作学习活动、线上自主学习活动、教师授课学习活动、一对一辅导学习活动、教师指导学习活动、助教支持的学习活动、研讨学习活动之间的转换。

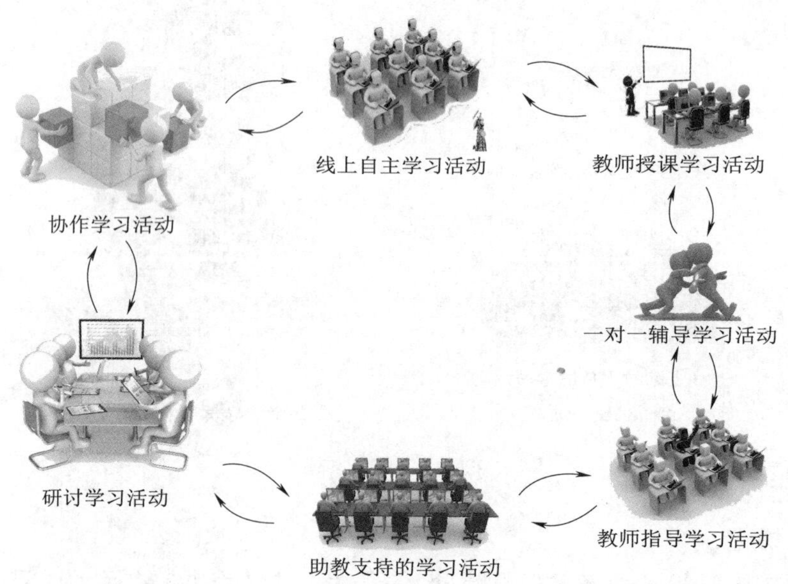

图 1-5 个体转换

个体转换为学习者采用不同途径迈向同一目标提供了多条便捷的技术路线。

(2)弹性转换

弹性转换(图1-6)是指通过课程这个桥梁把学习领域和工作领域一体化,实现工作领域的从业人员与学习领域的学习者之间的角色转换。

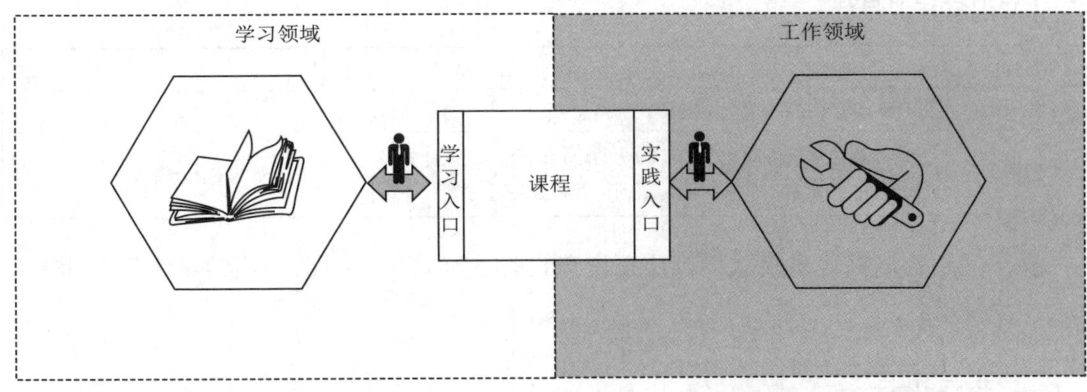

图1-6　弹性转换

从业人员在其工作领域遇到困境时,迫切需要利用新知识解决实际工作当中的问题,因而产生学习意愿,使其从实践入口进入课程,再由学习入口进入到学习领域进行针对性学习,完成了以工作任务为导向的学习知识和技能的过程,实现了工作即学习,学习即工作的转换。

六、同化与顺应

同化和顺应是学习者获得新知识的方式。

1. 同化

同化是指个体对刺激输入的过滤或改变的过程。其实质是对所获得的信息进行转换,使它符合现有的认知方式。

2. 顺应

顺应是指有机体调节自己的内部结构以适应特定刺激情境的过程。其实质是外部环境发生变化,导致原有认知结构无法同化新环境提供的信息时所引起的认知结构发生重组与改造的过程。

任务　设计基于问题的培训运营模式方案

【知识与技能目标】

目标	目标要求
知识	理解基于问题的培训运营模式的概念
技能	1. 能够独立或协同完成基于问题的培训运营模式设计方案 2. 能够独立实施基于问题的培训运营模式设计方案

基于问题的培训运营模式设计应按资讯设计、学习任务设计、实施学习任务设计方案这三个步骤进行。

一、资讯设计

对培训课程及各培训单元进行培训目标分析，以确定当前所培训的“典型工作任务”。

二、学习任务设计

学习任务设计是基于问题的培训运营模式的核心，主要包括以下内容。

1. 内容设计

内容设计是指将典型工作任务包含的知识、技能进行分解，使其达到培训时间为 15 ~ 18 min“颗粒化”“一体化”“知识学习类型清晰化”的“三化”目的。图 1-7 为 OPL 单点课程中的“打包机机芯基础知识”学习任务内容设计“三化”案例，其内容被分解为基础知识、保养部位及方法、注意事项三个方面。

2. 评价设计

评价包括小组对个人的评价和学习者个人的自我评价。评价内容主要包括自主学习能力、协作学习过程中作出的贡献、是否达到学习任务的目标要求等三个方面。

3. 培训方法设计

基于问题的培训运营模式下，教师不仅仅是专业内容方面的专家，更是解决学习问题的专家。教师应该更加注重指导和示范解决问题的过程，引导学习者学会发现问题、提出问题、分析问题和解决问题。

4. 培训媒体的选用

培训媒体的选用可采取 5W1H 方法，即通过回答 WHY（为什么）、WHO（使用者）、WHAT（是什么）、WHERE（使用场所）、WHEN（使用时间）、HOW（怎么使用）等方面的问题，在培训过程中合理地选用培训媒体。

（1）WHY（为什么）

考虑的问题主要包括：培训媒体能否有效地吸引学习者？使用什么样的培训媒体，才能帮助学习者解决痛点（从什么样的角度去解决问题）？

OPL单点课程	编号	TPM2021-12-15
	日期	2021/12/15
分类：□基础知识□设备保养□故障处理□改善案例□设备安全□现场“6S”□规范标准	编制	张三
适用部门：　　　　适用岗位：保全员、生产班长、班组骨干	审核	李四
主题：打包机机芯基础知识	批准	

结构示意图			基础知识
机芯整体	中刀组	主轴	名称：打包机机芯 结构名称：1.机芯整体　2.中刀组　3.主轴　4.刹车电机　5.张紧部　6.进退带组
			保养部位及方法 1.机芯整体：定期吹扫保持清洁干净及部位螺栓紧固 2.中刀组：定期吹扫保持清洁及定期轴承加油 3.主轴：定期紧固凸轮片上的螺钉 4.刹车电机：定期检查刹车片的间隙，间隙为一个美工刀片的厚度 5.张紧部：定期吹扫保持清洁、加油 6.进退带组：定期吹扫保持清洁、加油、检查轴承的好坏
刹车电机	张紧部	进退带组	**注意事项** 1.必须停电验电、停气 2.拆卸时注意扳手打滑伤到自己 3.一定要试机

培训实施日期 主讲人						
受训人						
实施后的评价	A　B　C　D	A　B　C　D	A　B　C　D	A　B　C　D	A　B　C　D	A　B　C　D
【评价】A.知道但不会做　B.在帮助下会做　C.能独立进行　D.能教育别人						

图 1-7　学习任务内容设计“三化”案例

（2）WHO（使用者）

考虑的问题主要包括：培训媒体的使用者类型（教师、学生、岗位员工）、学习水平、学习风格都如何？

（3）WHAT（是什么）

考虑的问题主要包括：典型工作任务内容是什么？典型工作任务关联知识与技能是什么？

（4）WHERE（使用场所）

考虑的问题主要包括：培训媒体应用场所在哪里？

（5）WHEN（使用时间）

考虑的问题主要包括：培训过程中使用媒体的时间是什么（课前、课中、课后）？

（6）HOW（怎么使用）

考虑的问题主要包括：培训媒体通过什么方式呈现出来？如果学习者都不喜欢的时候，是不是还有其他的呈现方式或者替代媒体？

三、实施学习任务设计方案

基于问题的培训运营模式下，实施学习任务设计方案有纵向和横向两条技术路线，如图 1-8 所示。

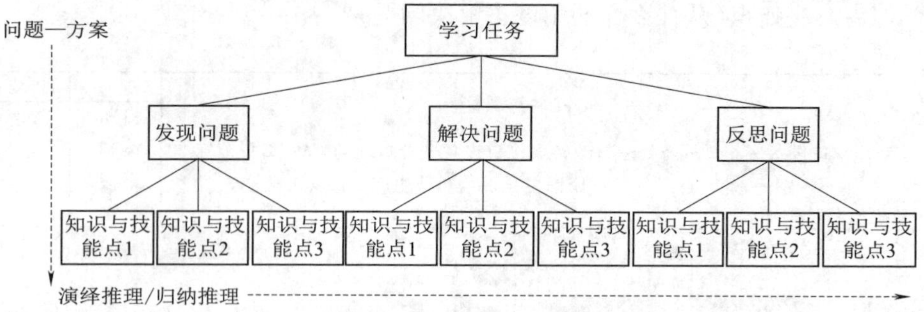

图 1-8 实施学习任务设计方案技术路线

1. 纵向

纵向技术路线是指“问题—方案”技术路线，它是让由工作循环输出的问题与学习循环典型工作任务输出的知识和技能在学习情境中，以学习任务为载体，相互融合。

2. 横向

横向技术路线是指以演绎推理或归纳推理的形式，按发现问题、解决问题和反思问题的技术路线，使学习者拓展自己的知识和技能架构，同时获得解决问题的方案。

关联知识

一、知识学习的分类

知识学习根据不同的分类标准，可以分为不同的种类。

根据头脑内知识的不同形式或学习任务的复杂程度分为符号学习、概念学习和命题学习。

1. 符号学习

符号学习指学习单个符号或一组符号的意义，或者说学习它们代表什么。符号学习包括对历史事件、历史人物、地理信息、词汇、图标等的学习。

2. 概念学习

概念学习就是学习把具有共同属性的事物集合在一起并冠以一个名称，把不具有此类属性的事物排除出去。概念学习的实质是掌握同类事物的共同的本质属性。

3. 命题学习

命题学习指掌握由几个概念联合所构成的复合意义，其实质是掌握若干概念之间的关系。

根据新知识与原有认知结构的关系分为下位学习、上位学习和并列组合学习。

1. 下位学习

下位学习又称类属学习，是指将概括程度或包含程度较低的新概念或命题归属到认知结构中已有的、概括程度或包含程度更高的适当概念或命题之下的学习,从而获得新概念或新命题的意义。其实质是把新的观念归属于认知结构中原有观念的某一部分,并使之相互联系的过程。例如:学习者已经有了“铁道机车制动系统”的概念,后学习了“CCBⅡ制动系统”的概念,这时将“CCBⅡ制动系统”归属到原有的“铁道机车制动系统”的概念之下,这就是下位学习。

下位学习包括派生类属和相关类属两种形式。

(1)派生类属

派生类属是指新的学习内容仅仅是学习者已有的、包容面较广的命题的一个例证,或是能从原有命题中直接派生出来的。也就是说,在派生性归属学习中,所要学习的新材料蕴含于原有的认知结构中,或者可直接从认知结构中原有的具有更高包容性和概括性的观念中推衍出来。新学习的观念仅是原有观念的一个特例或派生物。通过派生性同化,新旧观念相互作用,新观念被纳入原有的相应的上位观念中去,获得意义,同时也支持或证实了原有观念,但原有观念的本质未发生变化。例如,学习者已经知道“自动制动控制(列车管压力变化)控制全列车制动缓解”,那么“操作电子制动阀(EBV)自动制动手柄实现全列车制动缓解”这一新命题就可以类属于已有的命题。

(2)相关类属

相关类属是指要学习的新概念或命题被整合到认知结构的适当观念中,新旧观念相互作用,其结果是新观念获得意义,而原有观念被扩充、精确分化、修改或限制。例如:先学习了“半自动闭塞”的概念,再学习“自动闭塞”。后学习的知识让先学习的知识发生了变化,这种变化使学习者对单线铁路行车闭塞法的理解更加准确。

总之,派生类属是将新知识纳入旧知识中,原有的概念或命题只是得到证实或说明,本质未变。而相关类属是将新知识归属于原有的概念或命题时,原有的概念或命题便得到了深化。

2. 上位学习

上位学习又称总括学习,是指在认知结构中原有的几个观念的基础上学习一个包容性程度更高的命题,即原有的观念是从属观念,而新学习的观念是总括性观念。例如:学习者在知道“DK-1 型机车制动系统制动缸控制”“DK-2 型机车制动系统制动缸控制”“120 型车辆制动系统制动缸控制”“F8 型车辆制动系统制动缸控制”等概念之后,再学习“空气制动制动缸控制”这个概念时,新学习的概念总括了原有的概念,新学习的概念就更具有意义。

3. 并列组合学习

并列组合学习又称并列结合学习,是指在新知识与认知结构中的原有观念既非类属关系又非总括关系时产生的学习。例如:学习机车牵引力与列车制动力、热与体积、一次标准化作业与非正常行车作业、列车速度与制动距离等概念之间的关系就属于并列组合学习。

二、学习活动主体性的分类

学习活动主体性分为主动学习活动和被动学习活动两种类型,如图 1-9 所示。

主动学习活动

讨论
（学习内容平均留存率50%）

实践
（学习内容平均留存率75%）

讲授给他人
（学习内容平均留存率90%）

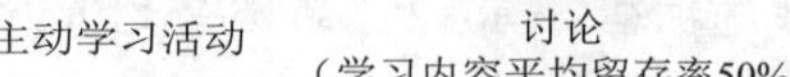

被动学习活动

听讲
（学习内容平均留存率5%）

阅读
（学习内容平均留存率10%）

视听
（学习内容平均留存率20%）

演示
（学习内容平均留存率30%）

图 1-9　主动/被动学习活动示意

1. 主动学习活动

在主动学习活动中，学习者能够回忆出所学的大部分或全部术语和事实知识，还能够运用这些知识去解决问题和理解新的概念。

2. 被动学习活动

在被动学习活动中，学习者认为自己学会了所学的大部分或全部术语和事实知识，并且在考试经常取得好成绩。但是，学习者很少能够运用这些知识去解决问题和理解新的概念。

<table>
<tr><td colspan="2">阶段一</td></tr>
<tr><td>任务名称</td><td>设计__________培训运营模式方案</td></tr>
<tr><td>设计方法</td><td></td></tr>
<tr><td>方案内容</td><td></td></tr>
<tr><td>成果</td><td>□方案报告(附页)　□汇报讲稿　□汇报 PPT</td></tr>
</table>

注:根据内容可加页。

阶段二
一、设计人讲解___________培训运营模式方案内容 二、小组讨论每位成员完成的___________培训运营模式方案
讲解过程中发现的问题：
小组讨论发现的问题：

注：根据内容可加页。

阶段三
设计____________培训运营模式方案过程反思
做得好的方面：
需要改进的方面：
指导教师评价：

注：根据内容可加页。

学习情境二　培训课程创建

一、培训课程的概念

培训课程是指为实现培训目标而选择的培训内容的总和，其本质特征是工学结合。

二、培训课程的特点

1. 实用性

培训课程直接服务于企业生产、服务和管理工作岗位的从业人员，其目的是依据职业技能等级标准对个体职业技能要求的综合性水平规定，以工作边界作为课程内容边界，强调突出技能训练和应用知识解决工作问题。

2. 灵活多样性

培训课程的灵活多样性体现在三个方面。一是满足学习者多样化的学习需求；二是课程呈现方式具有多层次性；三是为学习者提供充分发挥个性化学习的环境。

3. 知行合一性

培训课程在学习和工作之间搭建了一座“桥梁”。学习者把工作中遇到的问题“带入”课程，通过培训课程的学习，在探索解决问题方案的过程中，再造自己的知识和技能的结构，提升应用知识和技能解决工作问题的能力。

4. 动态性

培训课程的动态性是指随着科学技术的进步，新知识与新技能会不断地更替“过时”的知识与技能。

三、培训课程的创建流程

培训课程的创建包括确定培训课程目的、进行培训需求分析、确定培训课程目标、进行培训课程整体设计、进行培训课程单元设计、实施培训课程(包括培训课程诊改)、进行培训课程整体评价七个步骤，如图 2-1 所示。

适用于铁路特有工种培训课程整体设计的基本流程如图 2-2 所示。

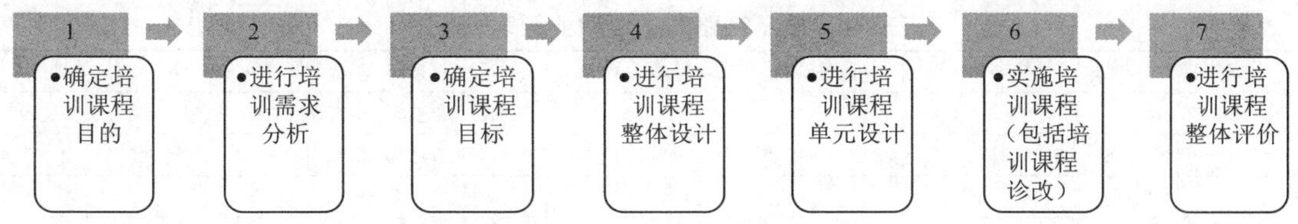

图 2-1　培训课程创建流程

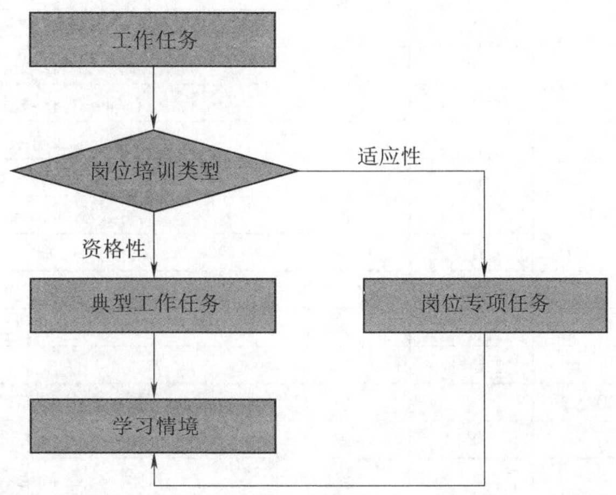

图 2-2　铁路特有工种培训课程整体设计的基本流程

1. 资格性岗位培训

资格性岗位培训一般根据岗位上岗胜任力要求对培训课程进行设计，实现对新职、转岗、晋升人员进行岗位资格性或技能等级资格性涉及的知识技能的培训。培训课程通常是面向典型工作任务。

2. 适应性岗位培训

适应性岗位培训一般根据岗位新技术应用带来的胜任力要求对培训课程进行设计，实现对已经在岗的工作人员进行新技术涉及的知识技能的培训。培训课程内容通常是面向工作中的某一项或者几项岗位专项任务。

关联知识

一、职业

职业是参与社会分工，（在不同的专业领域中）利用专门的知识和技能，为社会创造物质财富和精神财富，获取合理报酬，作为物质生活来源，并满足精神需求的工作。根据中国职业规划师协会的定义：职业 = 职能 × 行业。

《中华人民共和国职业分类大典》（2022 版）中列出涉及铁路的主要职业见表 2-1。

表 2-1　涉及铁路的主要职业列表(部分)

大类	中类	小类	细类	职业名称
2				专业技术人员
	02			工程技术人员
		17		铁道工程技术人员
			01	铁道运输工程技术人员
			02	铁道机务工程技术人员
			03	铁道车辆工程技术人员
			04	铁道电务工程技术人员
			05	铁道供电工程技术人员
			06	铁道工务工程技术人员
6				生产制造及有关人员
	18			机械制造基础加工人员
		01		机械冷加工人员
			01	车工
			02	铣工
		02		机械热加工人员
			04	焊工
		04		工装工具制造加工人员
			06	工具钳工
	20			通用设备制造人员
		05		泵、阀门、压缩机及类似机械制造人员
			01	泵装配调试工
			08	阀门装配调试工
	23			铁路、船舶、航空设备制造人员
		01		轨道交通运输设备制造人员
			01	铁路机车制修工
			02	铁路车辆制修工
			03	动车组制修师
			04	铁路机车车辆制动钳工
			05	道岔钳工
	30			运输设备和通用工程机械操作人员及有关人员
		01		专用车辆操作人员
		02		轨道交通运输机械设备操作人员
			01	铁路车站行车作业员
			02	铁路车站调车作业员
			03	机车调度值班员
			04	机车整备员
			05	救援机械操作员
			06	铁路试验检测设备维修工
			07	铁路电源工
	31			生产辅助人员
		01		机械设备修理人员
			02	机修钳工
			03	电工
			04	仪器仪表维修工

二、行业

行业是工商业中的类别。行业分类就是有规则地按照一定的科学依据，对从事国民经济生产和经营的单位或者个体的组织结构体系的详细划分，依据国民经济行业分类（GB/T 4754—2017），涉及铁路的主要行业见表 2-2。

表 2-2 涉及铁路的主要行业列表（部分）

代码				类别名称
门类	大类	中类	小类	
C				制造业
	37			铁路、船舶、航空航天和其他运输设备制造业
		371		铁路运输设备制造
			3711	高铁车组制造
			3712	铁路机车车辆制造
			3713	窄轨机车车辆制造
			3714	高铁设备、配件制造
			3715	铁路机车车辆配件制造
			3716	铁路专用设备及器材、配件制造
			3719	其他铁路运输设备制造
		372	3720	城市轨道交通设备制造
	43			金属制品、机械和设备修理业
		434		铁路、船舶、航空航天等运输设备修理
			4341	铁路运输设备修理
G				交通运输、仓储和邮政业
	53			铁路运输业
		531		铁路旅客运输
			5311	高速铁路旅客运输
			5312	城际铁路旅客运输
			5313	普通铁路旅客运输
		532	5320	铁路货物运输
		533		铁路运输辅助活动
			5331	客运火车站
			5332	货运火车站（场）
			5333	铁路运输维护活动
			5339	其他铁路运输辅助活动
P				教育
	83			教育
		833		中等教育
			8336	中等职业学校教育
		834		高等教育
			8341	普通高等教育
			8342	成人高等教育
		839		技能培训、教育辅助及其他教育
			8391	职业技能培训

通常,行业发展过程是遵循由低级的自然资源掠夺性开采利用和低级的人工劳务输出,逐渐向规模经济、科技密集型、金融密集型、人才密集型、知识经济型方向发展;从输出自然资源,逐渐向输出工业产品、知识产权、高科技人才等发展。

三、职业资格

职业资格是对从事某一职业所必备的学识、技术和能力的基本要求。

职业资格包括从业资格和执业资格。从业资格是指从事某一专业(职业)学识、技术和能力的起点标准。执业资格是指政府对某些责任较大、社会通用性强、关系公共利益的专业(职业)实行准入控制,是依法独立开业或从事某一特定专业(职业)学识、技术和能力的必备标准。

四、职业能力

职业能力是人们从事其职业的多种能力的综合。

职业能力是指人们成功地从事某一特定职业活动所必需的一系列稳定的、综合性的个性心理特征。又指个体将所学的知识、技能和态度在特定的职业活动或情境中进行类化迁移与整合,所形成的能完成一定职业任务的能力。职业能力包括一般职业能力、(特定职业)专业能力和综合职业能力,如图 2-3 所示。

图 2-3 职业能力构成

1. 一般职业能力

一般职业能力主要是指一般的学习能力、文字和语言运用能力、数学运用能力(例如正常的数学计算和运用等)、空间判断能力、形体知觉能力、颜色分辨能力(正常的颜色识别等)、手的灵巧度、手眼协调能力等。

此外,任何职业岗位的工作都需要与人打交道,因此,人际交往能力(和同事之间的交流)、团队协作能力(跟团队之间的合作能力)、对环境的适应能力(进入一个新公司,对新环境是否能适应等),遇到挫折时良好的心理承受能力都是我们在职业活动中不可缺少的能力。

2.(特定职业)专业能力

(特定职业)专业能力主要是指从事某一职业的能力,包括单项的知识与技能、综合的知识与技能。通常专业能力包括工作方式方法、对劳动生产工具的认识及使用和劳动材料的辨识和利用等。

3. 综合职业能力

综合职业能力是指国际上普遍注重培养的“关键能力”,主要包括可迁移的、跨职业的方法能力、社会能力。

五、职业技能

职业技能是指学习者就业所需的技术和能力，是能否顺利就业的前提。国家职业技能标准体系将职业技能分为核心技能、行业通用技能和职业特定技能三个层次，如图 2-4 所示。

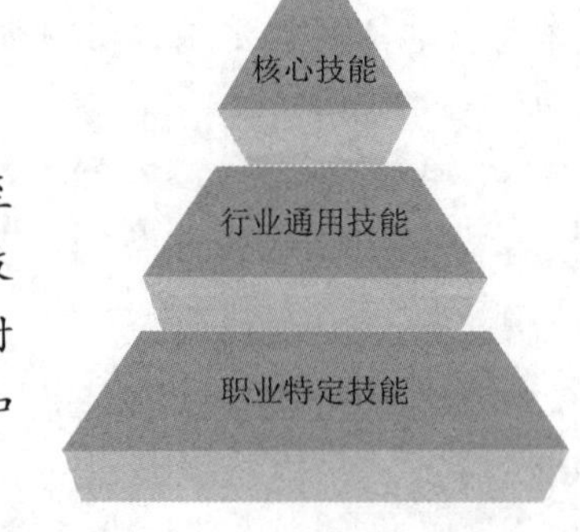

图 2-4　国家职业标准体系分层

1. 核心技能

核心技能是通用性最强的技能，它是人们在职业生涯甚至日常生活中必需的，并能体现在具体职业活动中的最基本的技能。核心技能具有普遍的适用性和广泛的可迁移性，它可辐射到整个行业通用技能和职业特定技能领域，对人的终身发展和终身成就影响极其深远。

2. 行业通用技能

行业通用技能的范围要宽于核心技能，是在一组特征和属性相同或者相近的职业群中体现出来的共性的技能和知识要求。

3. 职业特定技能

职业特定技能是指在职业环境中合理、有效地运用专业知识、职业价值观、道德与态度的各种能力，它包括智力技能、技术和功能技能、个人技能、人际和沟通技能、组织和企业管理技能等。广义指人们顺利完成某种职业活动的操作系统或行为模式。狭义指从事需要具有简单数理和机器知识，运用机器进行生产的职业活动的操作系统或行为模式。职业特定技能是取得某一就业资格的必备条件。

职业技能分类有：技工类技能、餐饮类技能、工程机械类技能、服装设计类技能、美容化妆类技能、铁道机车检修类技能等。

六、职业技能标准

职业技能标准是在职业分类的基础上，根据职业活动内容，通过科学地划分工种，对工种从业人员的理论知识和技能要求提出的综合性水平规定。职业技能标准分为国家职业技能标准、行业（地区）职业技能标准、企业职业技能标准三级。职业技能标准的内容由三部分组成，即知识要求、技能要求和工作实践。

国家职业技能标准是实施职业资格评价和职业技能等级认定的基础，是国家基本职业培训包制定的依据，是规范从业者的从业行为和引导职业教育培训方向的重要参考。国家职业技能等级标准对个体职业技能要求的综合性水平规定中包括职业素养、专业知识和技术技能等方面的综合要求，一般分为初级、中级、高级，是开展职业技能培训和职业技能等级考核评价的基本依据。

铁路行业依据铁路特有情况，制定了相应工种的职业技能标准。以轨道列车司机为例:2020 年,中华人民共和国人力资源和社会保障部与国家铁路局、中华人民共和国交通运输部联合颁布了《国家职业技能标准　轨道列车司机》。

轨道列车司机包括内燃机车司机、电力机车司机、动车组司机、城市轨道交通列车司机四个工种。轨道列车司机职业标准对从业人员的理论知识和操作技能的综合性水平作出规定,是指导轨道列车司机培养、开展职业技能等级考核评价的基本依据,对于提升轨道列车司机职业技能水平,建设轨道列车人才队伍等,发挥重要作用。

任务一　调研工作任务

【知识与技能目标】

目标	目标要求
知识	理解工作任务的概念
技能	1. 能够独立或协同完成调研指定岗位(群)的工作任务 2. 能够独立撰写调研结果 3. 能够讲解、评价调研成果

一、工作任务相关概念

1. 工作任务

工作任务是指劳动者为了履行职业活动应该承担工作上的责任(职责),需要完成的具体工作。一般是指工作范围或者职责范围。

2. 工作过程

工作过程又称为工作任务完成过程,是指劳动者在特定的工作环境内,利用工作资源完成一项工作任务并获得工作成果的一系列活动。

(1)工作过程六要素

工作过程六要素是指工作内容、工作对象、工作手段、劳动组织、工作产品基本要素,以及工作环境,如图 2-5 所示。

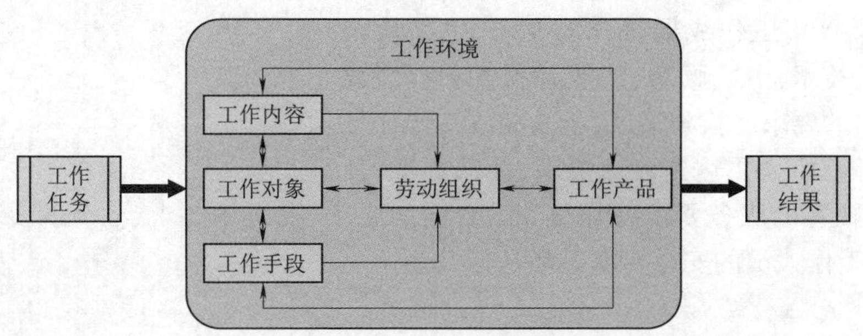

图 2-5　工作过程六要素

①工作内容

工作内容是指劳动者完成工作任务具体从事什么种类或内容的劳动,包括劳动者从事劳动的工种、岗位、工作范围、工作任务、工作职责、劳动定额、质量标准、在什么情况下完成等。

②工作对象

工作对象指工作情境和工作过程中劳动者的职业活动内容,例如:技术产品、技术过程、服务、文献、材料、商品等。

③工作手段

工作手段一是指劳动者完成工作任务的具体工作情境和工作过程中的各种物质化准备，例如：工具、材料、设备与资料等，另外还包括完成工作任务要使用的说明书、制度、规程等资料；二是指完成工作任务时，在工作层面、组织层面和技术层面中使用的专业的方法。

④劳动组织

劳动组织是指完成工作任务的劳动组织方式，涉及工作岗位分工、岗位间的关系和相关责任，它包括了与其他部门合作方式、时间安排、工作组织方式等。

⑤工作产品

工作产品是指劳动者完成工作任务所生产出的物品，包括能满足消费者或用户某种需求的任何有形物品和无形服务。

⑥工作环境

广义上，工作环境是指与工作有关的物理环境和社会环境。狭义上，工作环境是指人的工作地周围的物理环境，如办公室、工厂、车间、工场等。对工作环境可从个体的、人际的和组织的三个层次进行分析。

(2)工作过程的结构

工作过程的结构包括明确任务/获取资讯、制定计划、做出决策、实施、诊改、评价与反馈六个方面，如图2-6所示。

工作过程的复杂程度是由工作任务的性质决定的。每个行业或职业都有特殊的工作过程六要素，即在工作的方式、内容、方法、组织以及工作的历史发展方面有它自身的特殊之处。但是，工作过程的结构始终保持相对固定不变。

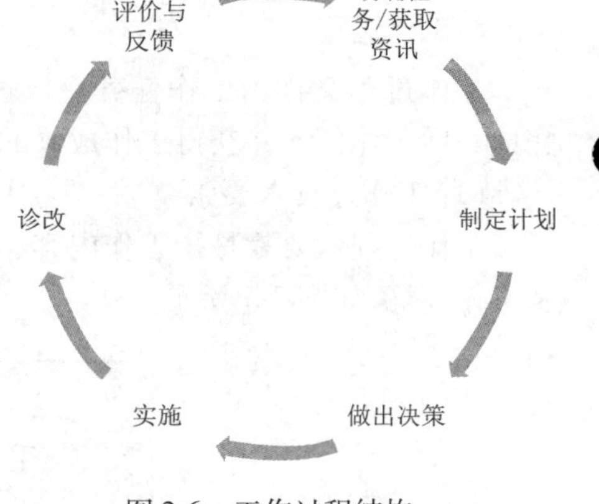

图2-6 工作过程结构

3. 工作结果

工作结果是指工作成果符合的要求，也是从企业、法律法规、技术标准、顾客、从业者利益和社会要求等角度提出的要求。换句话说，就是完成工作任务时，怎样才算做对了，要达到什么要求、什么标准、什么规程，或是顾客的服务要求、职业标准、合同的要求、安全的要求、社会的要求、相关合作部门的要求、工作人员的安全要求等都是什么。

二、调研工作任务的步骤

1. 选择调研对象

调研对象应包括技术工人、技术员、工程师、课程专家等。

2. 设计调研问题表

调研工作任务常用的问题见表2-3。

表 2-3　调研常用问题表

项目	重要性(难度)	常用问题
工作与经营过程	重点	任务工作过程是怎样的?
		产品或提供哪些服务?
		怎样获得任务/合同/协议?
		顾客/客户是谁?
		怎样获得原材料或半成品?
		完成的产品在哪里被继续加工/下一道工序?
		怎样交付完成的合同/任务?
工作岗位与环境	重点	工作岗位的名称及简单描述
	重点	环境条件(如照明、温度、辐射、通风、灰尘)如何?
	重点	有哪些肢体活动?
工作对象	重点	工作的对象或主题是什么(如技术产品、技术过程、服务、文献、材料、商品等)?
	重点	劳动者在工作过程中的角色如何(是设备操作还是维修)?
工具	重点	完成该任务需要用到哪些工具(如机床、计算机、软件)?
	重点	如何使用这些工具?
工作方法	重点	如何完成工作任务(查找故障、质量保证、加工、装配)?
劳动组织	重点	工作如何安排(独立工作、合作工作、部门)?
	重点	哪些级别对工作有影响?
	重点	与其他职业或部门有哪些合作及界线?
	重点	劳动者的哪些能力共同发挥作用?
对工作的要求	重点	完成任务必须满足企业的哪些要求?
	重点	顾客有哪些要求?
	重点	社会有哪些要求?
	重点	应遵循哪些法律、法规、规章和质量技术标准?
	重点	同行业默认哪些潜规则和标准?
	重点	劳动者自己对工作提出哪些要求?
综合性问题		与其他典型工作过程有哪些联系?
		在企业中承担相同任务的不同工作岗位有哪些共同或不同之处?
		在被分析的岗位或部门进行职业培训吗?

3. 选择调研方法

调研方法一般有访谈法、问卷法、观察法、工作日记法等。

(1)访谈法

访谈法是与担任相关工作职务的人员一起讨论工作的特点和要求,从而获得有关信息的调研方法。

(2)问卷法

问卷法是让相关人员以书面形式回答有关职务问题的调研方法。

(3)观察法

观察法是通过观察,获得员工的职务信息的过程。这种方法一般适用于调研工作周期比较短的岗位。

(4)工作日记法

工作日记法是管理人员和操作人员用工作日记的方式记录每天的工作活动，确定关键工作特征和事件，从而形成工作分析资料。

4. 形成调研结果

调研结果主要包括：

(1)“复盘”实际工作的过程、事故发展的过程或项目进行的过程、结构化的分析和反思过程。

(2)岗位的工作描述或工作说明书、从业劳动者必须掌握的知识与技能和具有的态度。

(3)反映工作特性的数据。

(4)经过分析团队提取出的有价值的经验或教训。

调研结果通常以调研报告的形式呈现。本书对如何撰写调研报告不做详细叙述。

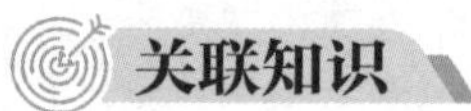

一、工作流程

工作流程是指工作事项的活动流向顺序。工作流程包括实际工作过程中的工作环节、步骤和程序。工作流程中各项工作之间的逻辑关系是一种动态关系。如在一个建设工程项目实施过程中，其管理工作、信息处理，以及设计工作、物资采购和施工都属于工作流程的一部分。全面了解工作流程，要用工作流程图；而管理和规划工作流程，则需要工作流程组织来完成。

二、八步分析法

八步分析法是发现解决问题的线索、激发创新思维，进行设计构思的有效工具，其构成要素是6W2H。参见表2-4。

表2-4 6W2H说明

序号	项目	说明
1	WHAT	条件是什么？目的是什么？要做什么（或哪一部分）工作？做什么准备？功能是什么？规范是什么？重点是什么？需要预防什么？
2	WHY	为什么？为什么要这么做（是否可以省去）？理由何在？原因是什么（是否有其他更简单的方法）？造成这样的结果为什么（为了今后工作少犯同样的错误）？为什么采用这个技术参数？为什么不能有响声？为什么停用？为什么变成红色？为什么要做成这个形状？为什么采用机器代替人力？为什么产品的制造要经过这么多环节？为什么非做不可？
3	WHEN	何时做？什么时间开始？什么时间完成？什么时机最适宜？什么时间是关键点？何时安装？何时销售？何时是最佳营业时间？何时工作人员容易疲劳？何时产量最高？何时完成最为适宜？需要几天才算合理？何地最适宜某物生长？何处生产最经济？从何处买？还有什么地方可以作销售点？安装在什么地方最合适？何地有资源？

续上表

序号	项目	说　明
4	WHERE	何处？在哪里做？从哪里入手？到什么地方结束？
5	WHO	谁做？谁来办最方便？谁会生产？谁可以办？由谁来承担？谁来完成？谁是决策人？谁负责？谁来监督？谁来协助？
6	WHOM	工作对象是什么？与谁有关系？谁会受益？
7	HOW	怎么做？如何提高效率？如何实施？方法怎样？怎么监控？怎样做省力？怎样做最快？怎样做效率最高？怎样改进？怎样得到？怎样避免失败？怎样求发展？怎样增加销路？怎样达到效率？怎样才能使产品更加美观大方？怎样使产品用起来方便？
8	HOW MUCH	多少？做到什么程度？功能指标达到多少？数量如何？质量水平如何？费用产出如何？能够节约多少？成本多少？输出功率多少？效率多高？尺寸多少？重量多少？

阶段一			
任务名称	调研____________工作任务		
调研方法			
调研问题			
调研结果（摘要）			
成果	□调研报告(附页)	□汇报讲稿	□汇报 PPT

注:根据内容可加页。

阶段二
一、调研人讲解＿＿＿＿＿＿工作任务调研结果 二、小组讨论每位成员完成的＿＿＿＿＿＿工作任务调研结果
讲解过程中发现的问题：
小组讨论发现的问题：

注：根据内容可加页。

阶段三
调研____________工作任务过程反思
做得好的方面：
需要改进的方面：
指导教师评价：

注:根据内容可加页。

任务二　萃取典型工作任务

【知识与技能目标】

目标	目标要求
知识	理解典型工作任务的概念
技能	1. 能够独立或协同完成萃取典型工作任务 2. 能够独立撰写典型工作任务描述表

一、典型工作任务的概念

典型工作任务是典型职业工作任务的简称。它是指工作过程结构完整的综合性任务，反映了该职业典型的工作内容、工作方式、形式以及该任务在整个职业中的意义、功能和作用。与典型工作任务对应的是用完整的、有代表性的职业行动描述的一个职业行动中的具体工作领域(又称为职业行动领域)。通常，学习者完成典型工作任务的学习后，就具备了从事不同企业多个相同工作任务的基本能力。

二、萃取典型工作任务

萃取典型工作任务是通过对工作任务进行系统的、科学的分析得到的。工作任务分析一般不针对特定的生产任务(如批量生产某一产品)。被分析的工作任务可能存在于不同的岗位，因此分析应在能体现该工作任务的多个岗位上进行。分析涉及的行业、生产模式和企业规模的差别越大，其结果的代表性就越广泛，在此基础上开发课程的普遍意义也越大。

1. 分析工作任务

(1)组建专家委员会

专家委员会由专门的课程开发主持人、实践专家(包括技师、班组长和基层部门负责人等)和企业培训教师组成。

(2)召开专家访谈会

①课程开发主持人介绍萃取典型工作任务访谈会的背景、目的、方法和指导思想。

②采用观察、访谈(包括行动导向的访谈)、培训计划开发分析(DACUM)、职务问卷分析(PAQ)、工作要素分析(JEM)、工作日写实、工作抽样和关键事件分析(CIT)、头脑风暴法等方式，由每位专家列举出自己实际从事过的、有代表性的工作任务实例，并利用图纸和程序文件等加以补充说明。

③在课程开发主持人的主持下，专家共同将类似的工作任务归纳合并，并全面检查这些归类的合理性，必要时进行更正。

2. 确定典型工作任务

课程开发主持人解释“典型工作任务”概念，专家共同确定典型工作任务。

三、描述典型工作任务

企业培训教师和实践专家组成工作小组对典型工作任务进行分析,并将分析结果进行系统化的记录和整理,形成典型工作任务的详细描述内容。典型工作任务描述应包括:典型工作任务名称,典型工作任务描述,工作对象,工具、材料、设备与资料,工作方法,劳动组织方式和工作要求。

一般而言,典型工作任务描述有多种方法。其中具有代表性的描述方法见表2-5。

表2-5 典型工作任务描述方法举例

序号	项目	说 明
1	典型工作任务名称	按照下面的方式命名:工作对象+动作+扩充或扩展(必要时)
2	典型工作任务描述(操作步骤及方法)	1. 典型工作任务的主要内容是什么?它描述在什么情况下完成什么样的任务,完成任务的意义是什么?(企业为什么存在这类工作?这类工作存在的价值是什么?) 2. 完成该任务的工作过程是怎样的?该过程的描述要反映对综合职业能力的要求 例如:在技术人员判断机车、车辆故障后(任务从哪来?),确定需要拆卸或装配时,维修人员按照维修手册的规范程序(工作时间要求、技术标准是什么?),拆卸并解体车辆相关总成,进行零件清洗,在技术人员的指导下完成电气设备等的检测、零件更换、装配、吊装,并作调试准备;确定零部件需要更换时,维修人员拆卸并领取对应型号的配件,完成装配,并作各总成的调试检查,确认其工作状态正常(工作过程如何?),填写维修工单交付检验(工作成果如何输出?)。工作过程中,遵循现场工作管理规范(如行业规范)
3	工作对象	指技术产品、技术过程、服务、文献、材料、商品等
4	工具、材料、设备与资料	指具体工作情境和工作过程中的各种物质化准备。除工具、材料、设备等基本物质条件外,还要注明在完成这项工作中要使用的说明书、制度、规程等资料
5	工作方法	包括工作层面、组织层面和技术层面的方法(主要完成这项工作中使用到的专业方面的方法,通用的工作方法)
6	劳动组织方式	指与其他部门合作方式、时间安排、工作组织方式等方面,涉及的工作岗位分工、岗位间的关系和相关责任(列出完成这项工作中以合作形式还是独立工作形式去完成,写出与上级、下级、协作等部门和人员之间的关系)
7	工作要求(工作成果符合的要求)	指从企业、法律法规、技术标准、顾客、从业者利益和社会要求等角度提出要求。(完成这项工作中,怎样才算做对了?要达到什么要求、什么标准、什么规程,或是顾客的服务要求、职业标准、合同的要求、安全的要求、社会的要求、相关合作部门的要求,工作人员的安全要求等)

在对典型工作任务命名时采用的动词有:

(1)基本操作类,如:辨识、操作、采集、配置、标定、使用、挑选、估算、计算等。

(2)调试维护类,如:连接、调整、调试、维护、安装等。

(3)资料处理类,如:阅读、摘录、查找、编制、分析等。

(4)问题解决类,如:设计、诊断、排除、选择、布置等。

(5)管理组织类,如:计划、组织、管理、指导、协调、监控等。

阶段一	
任务名称	萃取__________典型工作任务
萃取方法	
典型工作任务	
成果	□典型工作任务分析报告(附页)　□汇报讲稿　□汇报 PPT

注:根据内容可加页。

阶段二
一、调研人讲解＿＿＿＿＿＿典型工作任务内容 二、小组讨论每位成员萃取的＿＿＿＿＿＿典型工作任务内容
讲解过程中发现的问题：
小组讨论发现的问题：

注：根据内容可加页。

<table>
<tr><td>阶段三</td></tr>
<tr><td>萃取____________典型工作任务过程反思</td></tr>
<tr><td>做得好的方面：</td></tr>
<tr><td>需要改进的方面：</td></tr>
<tr><td>指导教师评价：</td></tr>
</table>

注：根据内容可加页。

任务三　创建学习情境

【知识与技能目标】

目标	目标要求
知识	理解学习情境的概念
技能	1. 能够独立或协同完成学习任务设计方案 2. 能够独立实施学习任务设计方案

一、学习情境相关概念

1. 学习情境

学习情境又称为学习单元，学习情境是将典型工作任务培训化处理的结果。

学习情境与典型工作任务构成学习循环，学习情境与工作任务构成工作循环。在学习循环与工作循环的双循环模式下，实现理论——实践——再理论的交互过程，如图 2-7 所示。

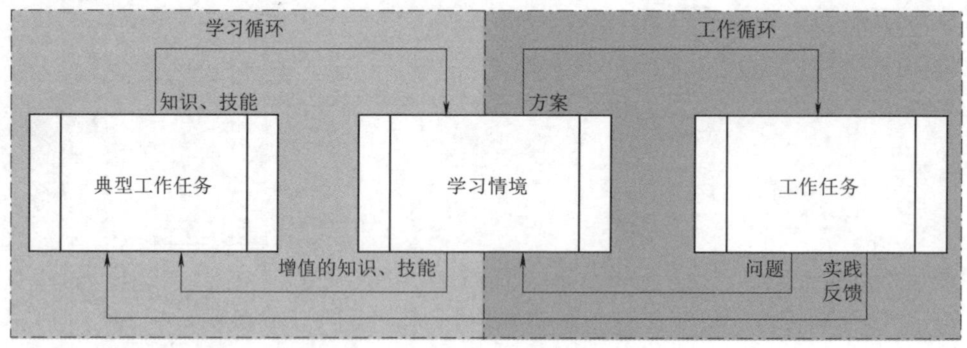

图 2-7　学习情境双循环模式

在学习循环内，典型工作任务输出知识和技能（结构化）给学习情境。通过学习情境增值知识和技能，再输入给典型工作任务，更新典型工作任务，保持典型工作任务的时效性。

在工作循环内，工作任务输出工作过程中产生的问题（通常是劣构问题）给学习情境。通过学习情境产生解决问题的方案，输入给工作任务，解决工作任务此前产生的问题。工作任务将实践（结果）反馈到典型工作任务（转换成良构问题），更新典型工作任务，保持典型工作任务的时效性。

2. 学习任务

学习任务是学习情境的载体，它是根据培训资源、教师状况和学习者的接受能力设计的。通常，学习任务培训设计框架中包含获取资讯、制订计划、决策、实施计划、检查诊改、评估反馈，如图 2-8 所示。

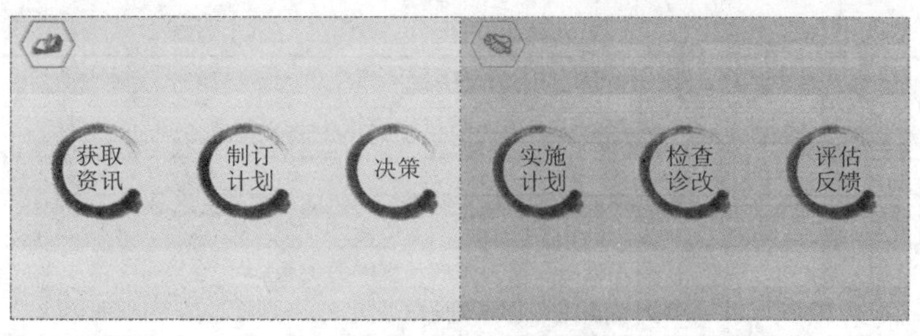

图 2-8　学习任务培训设计框架

二、学习情境的创建

学习情境的创建分为学习情境描述、设计学习任务框架、确定学习任务评价项目和开发教学资源四个阶段，如图 2-9 所示。

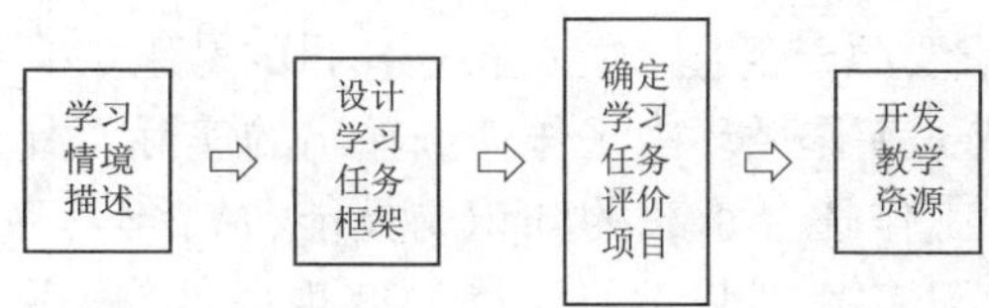

图 2-9　学习情境的创建流程

1. 学习情境描述

学习情境描述时一般应包括：学习情境名称、学时、培训目标、学习任务。以机车制动系统中空气制动控制系统诊断为例，其学习情境描述见表 2-6。

表 2-6　学习情境描述（案例）

学习情境名称	空气制动控制系统诊断
学时	24 学时
培训目标	知识目标： 1. 掌握典型车型空气制动控制系统主要部件辨识 2. 掌握典型车型空气制动控制系统主要部件控制关系 3. 掌握典型车型均衡风缸压力、过充风缸压力控制原理 4. 掌握典型车型列车管压力控制原理 5. 掌握典型车型制动缸预控压力控制原理 6. 掌握典型车型制动缸压力控制原理 7. 掌握典型车型平均管压力控制原理 技能目标： 1. 能够正确识别危险源，执行安全标准规范 2. 能够准确辨识典型车型空气制动控制系统主要部件 素质目标： 1. 培养学习者团结协作能力 2. 培养学习者追求卓越，精益求精的工匠精神

续上表

学习任务	
学习任务名称	学习任务(主要)内容
典型车型空气制动控制系统主要部件辨识	典型车型空气制动控制系统的组成主要部件名称及工作原理
典型车型列车管控制单元诊断	1. 列车管压力与列车制动缓解的关系 2. 列车管压力的精准控制方法
典型车型制动缸控制单元诊断	1. 制动缸与机车制动缓解的关系 2. 制动缸压力的精准控制方法
典型车型平均管控制单元诊断	1. 平均管与机车重联的关系 2. 掌握平均管压力的控制方法
典型车型空气制动控制系统主要部件控制关系	典型机车制动系统自动制动、单独制动、重联控制关系

2. 设计学习任务框架

学习任务设计的出发点要源于企业岗位工作任务,目的是建立学习和工作的直接联系。

(1)在学习情境内,依据工作循环中工作任务输出的实际工作问题,结合学习循环中典型工作任务输出的代表性工作任务承载的知识与技能,从"学习者为中心"的角度出发,根据培训环境、教师条件、学习者基础与学习风格的客观条件,采用八步分析法,确定培训教师、培训时间、学习目标,并选择合理的培训运营模式与方法。

(2)形成学习任务框架

学习任务框架样例见表2-7。

表2-7 学习任务框架(样例)

任务名称			
培训教师		培训时间	
学习者姓名	建议4~5人一组		
学习目标	1. 目标水平:□ 初级　□ 中级　□ 高级 2. 目标要求 (1)知识: (2)技能: (3)素质:		
培训资源	例如:指定车型实训室(或虚拟仿真环境)、多媒体教室、实际工作岗位等		
培训运营模式	□基于案例培训模式　□基于项目培训模式 □基于PBL培训模式　□基于混合式学习培训模式		
培训方法	□讲授法　□ 演示法　□ 练习法　□ 其他		

3. 确定学习任务评价项目

在确定评价项目标准时,要突出学习者自我评价、小组评价和教师评价的综合评价的原则，强调阶段考核与学习任务相结合的考核评价体系。

4. 开发教学资源

教学资源是培训内容的载体，是培训教师与学习者之间传递信息的介质或工具。随着现代信息技术的进步，培训媒体也由传统培训媒体（一般指黑板、粉笔、教科书等）向现代培训媒体（主要指幻灯片、微课、视频、二维动画、三维动画等）快速发展。

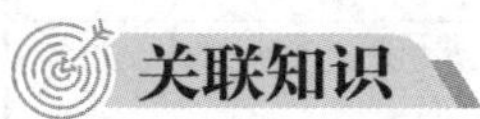

一、知识维度

在布鲁姆教育目标分类法中，将知识分为事实性知识、概念性知识、程序性知识、元认知知识四个维度，见表2-8。

表2-8　知识维度说明

知识维度	含义	包括范围
事实性知识	学习者在掌握某一学科或解决问题时必须知道的基本要素	1. 术语知识 术语知识指具体的言语和非言语知识与符号（如语词、数字、信号与图片等），也是人们在沟通交流时必须用到的知识 2. 具体细节和要素的知识 具体细节和要素的知识指事件、地点、人物、日期、信息源等知识
概念性知识	是一个整体结构中基本要素之间的关系，表明某一个学科领域的知识是如何加以组织的，如何发生内在联系的，如何体现出系统一致的方式等	1. 分类与类别的知识 分类与类别的知识与事实性知识在具体要素的数量及联系上有明显的区别。它是原理与概括的知识和理论、模式与结构的知识的基础 2. 原理与概括的知识 原理与概括的知识是在大量的事实和事件集合的基础上，对分类和类别的知识在内在过程与关系作出的说明，也就是对各种所观察的现象作出抽象和总结。这有助于描述、预测、说明或确定最适宜、最相关的行动及其方向 3. 理论、模式与结构的知识 理论、模式与结构的知识是将原理与概括的知识用有意义的方式加以整合，以体现某一现象、问题或学科内在一致的联系
程序性知识	是在特定条件下使用的一系列操作步骤或者算法，是“怎么办”的知识	1. 智慧技能 智慧技能指借助于内部言语在头脑中进行的智慧活动，抽象思维因素占据着最主要的地位。智慧技能分为一般智慧技能和特殊智慧技能。前者适合于所有的领域，后者适合于特殊领域 2. 动作技能 动作技能是在练习的基础上形成的，按某种规则或程序顺利完成身体协调任务的能力。动作技能包括以下三方面：

续上表

知识维度	含义	包括范围
程序性知识	是在特定条件下使用的一系列操作步骤或者算法，是"怎么办"的知识	(1)动作或动作组。动作并非动作技能，只有当人们用一组动作去完成一项具体任务，如用一组身体动作(舞蹈语言)去表现情感，才被称作动作技能。走路、穿衣、吃饭、摇头、打哈欠等不是动作技能 (2)体能。它主要包括耐力、力量、韧性、敏捷性等 (3)认知能力。它包括视觉、听觉、触觉、动觉等多种知觉能力，手脚协调、身体平衡对完成动作技能意义更大
元认知知识	是关于一般的认知知识和自我认知的知识，即人们对于什么因素影响人的认知活动的过程与结果、这些因素是如何起作用的、它们之间又是怎样相互作用的等问题的认识	1. 策略知识 策略知识指一般学习、思考和问题解决策略的知识，涉及不同的学科。具体策略可以分为复诵、组织和精细加工。当然，还有在计划、监控和调节认知活动中有用的各种元认知策略，如建立目标、核对答案、重读文本等；另外还有问题解决和思考的一般策略 2. 认知任务的知识 认知任务的知识包括适当的情境性和条件性知识。不同的认知任务要求不同的认知方式，也要求不同的认知策略 3. 自我知识 自我知识包括了解自己认知活动中的优势与不足，也包括了解自己什么时候不知道什么以及采用什么样的一般策略去发现必要的信息。除了认知上的自知以外，还有动机与情感的自知，例如自我效能感、对完成任务与达成目标之间关系的感知、个人的兴趣、价值观与完成任务的关系等

二、认知维度

在布鲁姆教育目标分类法中，将认知分为记忆、理解、应用、分析、评价、创造六个维度，见表2-9。

表2-9　认知维度说明

认知维度	说明	层级类别	说　明
记忆	从长时记忆中提取知识	识别	在长时记忆中查找与呈现材料相吻合的知识。同义：辨认
		回忆	从长时记忆中提取相关知识。同义：提取
理解	从培训信息中构建意义	解释	将信息从一种表示形式(如数字的)转变为另一种表示形式(如文字的)。同义：澄清、释义、描述、转化
		举例	找到概念和原理的具体例子或例证。同义：示例、实例化
		分类	确定某物某事属于一个类别(如概念或类别)。同义：归类、归入
		总结	概括总主题或要点。同义：概括、归纳
		推断	从呈现的信息中推断出合乎逻辑的结论。同义：断定、判断、外推、内推、预测
		比较	发现两种观点、两个对象等之间的对应关系。同义：对比、对应、配对
		说明	建构一个系统的因果关系。同义：建模

续上表

认知维度	说明	层级类别	说明
应用	在情境中运用相关知识	执行	将程序应用于熟悉的任务。同义:进行,贯彻
		实施	将程序应用于不熟悉的任务。同义:使用,运用
分析	分解材料确定相互关系	区别	区分呈现材料的相关与无关部分或重要与次要部分。同义:辨别
		组织	确定要素在一个结构中的合适位置或作用。同义:发现连贯性、整合、概述、分解、构成
		归因	确定呈现材料背后的观点、倾向、价值或意图。同义:解构
评价	基于原则标准作出判断	检查	发现一个过程或产品内部的矛盾和谬误;确定一个过程或产品是否具有内部一致性;查明程序实施的有效性。同义:协调、查明、监控、检验
		评论	发现一个产品与外部准则之间的矛盾;确定一个产品是否具有外部一致性;查明程序对一个给定问题的恰当性。同义:判断
创造	将要素重新组织在一起	产生	基于准则提出相异假设。同义:假设
		计划	为完成某一任务设计程序。同义:设计
		生成	生产一个产品。同义:建构

三、布鲁姆教育目标与学习的关系

1. 知识维度与学习方式的关系

知识维度与学习方式的关系见表2-10。

表2-10 知识维度与学习方式的关系(部分)

知识类型	认知过程					
	记忆	理解	运用	分析	评价	创新
事实性知识	讲授、阅读、资料收集	讲授、阅读、资料收集	—	—	—	—
概念性知识	讲授、阅读、资料收集	讲授、阅读、讨论、协作学习、资料收集	讲授、解决问题、讨论、协作学习	讨论、协作学习、反思、解决问题	反思	—
程序性知识	讲授、阅读	讲授、讨论、协作学习	讲授、讨论、协作学习、解决问题、角色扮演	讨论、协作学习、反思、解决问题、案例分析	反思、案例分析	解决问题
元认知知识	阅读	讨论、协作学习	反思	反思	反思	解决问题

2. 认知维度与学习效果的关系

学习效果有两个最重要的目标,就是保持和迁移。保持是事后将培训的材料原封不动的记住的能力,重在过去;迁移是运用所学知识去解决新问题或促进新材料学习的能力,重在将来。

以一个学习效果及其评价案例进行说明，见表2-11。

表2-11 学习效果及其评价案例

学习效果	案例	评价
无效学习	学习者阅读有关电流章节，他浏览学习材料，确信测验通过是轻而易举的事。当请他回忆有关内容时（保持评价），他能回忆出来的关键术语和事实很少。当请他运用知识解决问题时（迁移评价），他不能作答	学习者没有相关知识，也不能运用相关知识。其在学习中既没有充分注意，也没有理解相关知识
机械学习	学习者阅读有关电流章节，他仔细浏览学习材料，确保没有遗漏任何一个细节，记住关键事实。当请他回忆有关内容时，他能记住上课的几乎全部主要术语和事实。当请他运用知识解决问题时，他无能为力	学习者具有了相关知识，但不能运用知识解决问题。他不能将新知识迁移到新情境中。他注意了相关信息，但没有理解此信息，因此不能够运用此知识
有意义学习	学习者阅读有关电流章节，他仔细浏览学习材料，确保没有遗漏任何一个细节，记住关键事实。当请他回忆有关内容时，他能记住几乎全部的主要术语和事实。当请他运用知识解决问题时，他能够想出许多可能的解答	学习者具有了相关知识，还能运用知识解决问题和理解新概念。他能将新知识迁移到新情境中和解决新问题。他注意了相关信息，理解此信息，因此能够运用此知识

阶段一			
任务名称	设计＿＿＿＿＿＿学习任务方案		
学习情境			
学习任务方案内容			
成果	□学习任务实施计划（附页）	□汇报讲稿	□汇报 PPT

注：根据内容可加页。

阶段二
一、设计人讲解___________学习任务方案内容 二、小组讨论每位成员完成的___________学习任务方案
讲解过程中发现的问题:
小组讨论发现的问题:

注:根据内容可加页。

阶段三
设计__________学习任务方案过程反思
做得好的方面：
需要改进的方面：
指导教师评价：

注：根据内容可加页。

学习情境三　培训评价设计

培训评价是以培训目标为依据，按照科学的标准，运用一切有效的技术手段，对培训工作质量所作的测量、分析和评定。它主要包括对学习者学业成绩的评价，对教师培训质量的评价和对课程的评价等。

一、培训评价的分类

1. 根据评价在培训活动中发挥的作用分类

根据在培训活动中发挥作用的不同，培训评价可分为诊断性评价、形成性评价和总结性评价三种类型。

（1）诊断性评价

诊断性评价是在培训活动开始前，对评价对象的学习准备程度做出鉴定，以便采取相应措施使培训计划顺利、有效实施而进行的测定性评价方式。诊断性评价的实施时间一般在课程、学期、学年开始或培训过程中需要的时候。诊断性评价的作用是确定评价对象的学习准备程度、适当安置评价对象。

（2）形成性评价

形成性评价是在培训过程中，为调节和完善培训活动，保证培训目标得以实现而进行的确定评价对象学习成果的评价方式。形成性评价的作用是改进、完善培训过程。

（3）总结性评价

总结性评价是以预先设定的培训目标为基准，对评价对象达成目标的程度即培训效果做出评价。总结性评价注重考察评价对象掌握某门学科的整体程度，概括水平较高，测验内容范围较广，常在学期中或学期末进行，次数较少。

2. 根据对教学评价资料的处理方式分类

根据对教学评价资料的处理方式的不同，培训评价可分为常模参照评价和标准参照评价两种类型。

（1）常模参照评价

常模参照评价是以评价对象所在团体的平均成绩为参照标准（常模），通过对评价对象之间的学习结果（差异）进行比较，获取其在团体中的相对位置（或名次）来报告评价结果的评价方式。

（2）标准参照评价

标准参照评价是基于某种特定的标准（绝对标准），对评价对象进行与培训教学目标所规定的学习标准等密切关联的具体知识和技能的掌握程度的评价方式。

常模参照评价和标准参照评价的比较见3-1。

表3-1　常模参照评价和标准参照评价比较

项目	常模参照评价	标准参照评价
含义	以个体的学习成果与同一团队的平均学习成果或常模相互比较,确定其学习成果等级的评价方法	以具体体现培训目标的标准为依据,确定个体是否达到目标的标准以及达到目标的程度的评价方法
评价内容	衡量个体在团队中的相对位置和名次	衡量个体的实际水平
特征	相对性	绝对性
评价标准	以团队的平均学习成果为评价基点(常模),即个体在团队中的学习成果排列位置就是通过个体学习成果等级与常模比较来确定的	培训目标
主要用途	分类、排序、编班等的依据	了解个体(知识、技能)的基础
不足之处	不能对个体的进步程度进行客观评价	测试内容与呈现形式很难充分、正确地反映培训目标

3. 根据评价所运用的方法和标准分类

根据所运用的方法和标准不同,培训评价可分为相对性评价和绝对性评价两种类型。

(1)相对性评价

相对性评价是从评价对象集合中选取一个或若干个对象作为基准,将余者与基准做比较,排出名次、比较优劣的评价方式。相对性评价便于评价对象在相互比较中判断自己的位置,激发竞争意识。

(2)绝对性评价

绝对性评价是在被评价对象的集合以外确定一个客观标准,将评价对象与这一客观标准相比较,以判断其达到程度的评价方式。绝对性评价设定评价对象以外的客观标准,考察培训目标是否达成,可以促使评价对象有的放矢,主动学习,并且评价对象可根据评价结果及时发现差距,调整自我。

4. 根据评价使用的学习情境分类

根据使用的学习情境不同,培训评价可分为表现性评价和发展性评价两种类型。

(1)表现性评价

表现性评价是通过观察评价对象完成一项工作任务时的表现(客观测验以外的行动、表演、展示、操作、写作等),记录、收集和整理其各项耐力水平(口头表达能力、文字表达能力、思维能力、创造能力、实践能力等)的评价方式。

表现性评价又可以分为限制式的表现性评价、开放式(或扩展式)的表现性评价两种类型,见表3-2。

表3-2　表现性评价类型及其含义

类型	含　义	举　例
限制式的表现性评价	对评价的任务、目标有非常明确的要求,而且对被评价者的行动做了一定的限制	传统的闭卷考试其实就属于一种典型的限制式的表现性评价
开放式的表现性评价	对被评价者完成评价人物的材料、方法、结果不做限制要求的评价方法	要求被评价者以"铁路红色故事"为主题做一次演讲发言就是一种开放式的表现性评价

(2)发展性评价

发展性评价是对评价对象自身现实状态与过去情况进行比较,通过收集、保存表明评价对象发展状况的关键资料,对这些资料进行分析形成对评价对象发展变化的认识,进而对评价对象的发展水平、发展潜力做出综合判断的评价方式。

关联知识

知识类型与评价方式的关系如下。

在学习知识阶段,评价的作用是可以为评价对象提供准确的反馈,使其了解自己是否正确认知了知识,并为诊改认知知识过程提供依据。知识类型与评价方式关系见表3-3。

表3-3 知识类型与(主要)评价方式关系表

<table>
<tr><th rowspan="2">知识类型</th><th colspan="2">评价</th></tr>
<tr><th>(主要)工具</th><th>(主要)方式</th></tr>
<tr><td>事实性知识</td><td>提问、测验、选择题、划线配对等</td><td rowspan="3">小组总结报告、个人发言、个人自主参与程度、组内评价、组间评价</td></tr>
<tr><td>概念性知识</td><td>提问、测验、选择题、划线配对等</td></tr>
<tr><td>程序性知识</td><td>提问、电子简报、测验、在线测试、活动记录、反思笔记、总结报告、案例分析报告、操作等</td></tr>
<tr><td>元认知知识</td><td>提问、电子简报、测验、案例分析报告、反思笔记等</td><td>撰写反思笔记、论文、心得体会等</td></tr>
</table>

任务　设计培训评价量表

【知识与技能目标】

目标	目标要求
知识	理解培训评价的概念
技能	1. 能够独立或协同完成培训评价量表设计方案 2. 能够独立实施培训评价量表设计方案

根据培训目标和培训模式的不同,培训评价量表可分为小组活动评价量表、小组活动陈述评价量表、论文型评价量表、技能型评价量表等。

一、小组活动评价量表

小组活动评价量表设计样例如图 3-1 所示。

对参与社区艺术活动的学生的反馈

学生姓名:____________　　　　日期:____________

尊敬的工作人员:

感谢您热情接待我们的学生参加您的计划。这次体验是他们成为承担社会责任的公民之前准备工作的一个重要部分。

如果你们当中有人能够在与我们的社区外展学生接触过后能对他们留给你们的印象进行评价,我们将感激不已。如果您愿意给予其他反馈,那就再好不过了。我们会与学生交流您的评价,我们请您写下您的姓名,但会保密,以方便我们在其他疑问时与您联系。

工作人员姓名:

	标　准	是/否(请圈出一项)	评价和解释
出勤	学生是否按时到场? 如果有正当理由缺勤,学生有没有打电话请假?	是/否 是/否	
主动学习	学生是否充分利用了成长机会? 学生是否在必要时寻求帮助或指导?	是/否 是/否	
领导力	学生在工作中是否表现得认真负责? 学生是否提供帮助? 有没有表明领导潜力的特殊事件?	是/否 是/否 是/否	
穿着	学生的穿着是否适合于这个环境?	是/否	
举止	学生在客户和同事面前是否表现得很专业?	是/否	
反馈	学生学习专业行为/举止时是否表现出良好的倾听技能?	是/否	

图 3-1　小组活动评价量表设计样例

二、小组活动陈述评价量表

小组活动陈述评价量表设计样例如图 3-2 所示。

电影陈述评价量表

	典　范	合　格	有待改善
个人陈述	□ 陈述人说话足够清晰、缓慢和响亮，无须大声喊叫就能听见，而且控制了声调和音质 □ 陈述人使用富于表现力、适当的身体语言而且与受众保持眼神交流 □ 陈述人用完了规定的时间但没有讲太久 □ 陈述人适当地使用幽默和趣闻使陈述变得更生动而可信	□ 陈述人说话能听懂但含糊不清，说得太快或太慢、声音很小、大声喊叫或声音低沉但不影响理解 □ 陈述人的身体语言不存在显著偏差，但陈述人心不在焉、僵化刻板、从不注视受众或者使用其他不恰当的身体语言 □ 陈述时间太长或太短 □ 虽然使用了幽默和趣闻，但使用过多或过少，以至于无法使陈述变得更生动而可信 □ 虽然使用了设备但有些手忙脚乱，不过还不至于严重偏离陈述内容	□ 陈述人说话含糊不清、说得太快或太慢、声音很小或大声喊叫，或者声音低沉以至于影响理解 □ 陈述人心不在焉、僵化刻板、从不注视受众或者使用严重偏离内容的身体语言 □ 陈述人几乎没有利用规定的时间或者使用的时间太多 □ 缺乏幽默和趣闻让陈述变得沉闷 □ 操作设备时过于手忙脚乱，实际上只要略微练习就能避免这种情况
小组活动	□ 陈述人或助手适当地操作设备 □ 陈述中每位成员都有同样的机会闪亮登场 □ 个人陈述依次进行，而且有利于对主题进行逻辑讨论，明确体现了个人陈述之间的关联 □ 小组成员彬彬有礼且相互尊重 □ 用于说明和辅助陈述的技术非常恰当，而且操作起来不手忙脚乱	□ 就分配给各成员的时间和内容而言，陈述不太平衡 □ 个人陈述依次进行，而且非常有利于对主题进行逻辑讨论，但个人陈述之间的关联不明确，或者陈述有时出于其他原因迷失了方向 □ 小组成员大多彬彬有礼且相互尊重，但有时候成员没有相互倾听 □ 使用技术来阐明和辅助陈述，但一些技术偏离主题、多余或操作设备时过于手忙脚乱	□ 陈述严重不平衡，以至于一人或几人成为主导 □ 依次进行的个人陈述之间几乎没有明显的逻辑，而且个人陈述之间的关联不明显 □ 小组成员相互之间几乎没有表现出礼貌和尊重 □ 用于说明和辅助陈述的技术多余、笨拙，而且操作设备时过于手忙脚乱
引言	□ 论题在一开始加以阐明而且贯穿于陈述的后面部分 □ 对所阐述的主题进行了介绍并明确了整个陈述的方向	□ 陈述体现了论点，但论点不明确、未说明或未直接说明 □ 虽然阐述了明确的论点，但论点未贯穿于整个陈述 □ 虽然说明了所阐述的主题和整个陈述的方向，但并非实际阐述的主题或实际采取的方向	□ 论点不明确、未说明，而且在陈述的后面部分未明显体现，后面部分围绕其他论点进行 □ 未说明将要阐述哪些主题或陈述将朝什么方向进行
个人条理性	□ 个人陈述本身很有条理，包含引言、主体和结论部分 □ 通过有适当字幕的 PowerPoint 投影、胶片或讲义强调并向受众阐明了结构编排	□ 个人陈述极有条理性，但引言、主体或结论有问题 □ 陈述人使用了 PowerPoint 投影、胶片或讲义，但其中文字过多或过于模糊，以至于无法辅助受众把握结构编排	□ 陈述过于随意，几乎无法证明引言、主体和结论的存在 □ 未使用 PowerPoint 投影、胶片或讲义或虽使用但未能有效地辅助受众把握结构编排
个人内容	□ 事实和实例非常详细、准确而适当 □ 所引用的理论描述准确、运用恰当 □ 分析、讨论和结论与实例、事实和理论之间有明确关联	□ 事实和实例大多详细、准确且适当，但存在一些错误 □ 虽然引用了理论，但这些理论要么描述不准确要么运用不恰当 □ 分析、讨论和结论之间的关联是明显或暗含的，但与实例、事实和理论之间没有明确关联	□ 事实和实例过于笼统、不准确或不恰当 □ 所引用的理论描述不准确、运用不恰当，或者根本未加引用 □ 分析、讨论与实例、事实和理论之间没有明确关联

图 3-2　小组活动陈述评价量表设计样例

三、论文型评价量表

论文型评价量表设计样例如图 3-3 所示。

形态变化论文的评分评价量表

	优秀	良好	合格
表达	□ 引言吸引读者，结尾令人满意，给读者以完整感 □ 论点明确 □ 过渡部分考虑周详而且明确体现了观点之间的关联 □ 采用适度多样化的资料来源，这些资料来源融合良好而且支持作者的论点 □ 适当地采用并引用引文、解释和总结 □ 采用适当的格式（APA，MLA 等） □ 顺序编排合乎逻辑而且有效 □ 拼写总体正确，即使生僻的词语也能拼写正确 □ 标点符号使用准确甚至有创意，能引导读者有效阅读正文 □ 语法正确，文体规范 □ 语气、风格适合于所布置的论文类型 □ 段落重点突出且保持连贯	□ 论文有清楚的引言和结尾，但引言不够吸引读者，或者结尾可能没有使论文形成一个连贯的整体 □ 有论点但不够明确或没有重点 □ 过渡部分大体效果良好，但一些过渡部分使观点之间的关联变得模糊 □ 资料来源总体上支持作者的论点，但需要引用更多或更多样化的资料来源 □ 引文、解释和总结总体上有效，但有时会干扰行文的流畅性、看上去不相关或者引用不当 □ 采用适当的格式但有时存在错误 □ 顺序编排体现出一定的逻辑性，但没有得到完全控制而且可能缺乏新意以至于让读者认为不够吸引人 □ 拼写总体正确，但较生僻的词语可能会拼写错误 □ 句末标点符号使用正确，但句内标点符号有时缺失或使用错误 □ 语法或习惯用法有问题，但不影响理解 □ 语气、风格不太适合所布置的论文类型 □ 段落有时缺乏重点或连贯性	□ 没有真正引出下文的引言，也没有对全文进行总结的结尾 □ 没有明确的论点 □ 观点之间的关联缺失，或令人感到困惑 □ 引文较少或者似乎未能支持作者的论点 □ 引文、解释和总结破坏行文的流畅性、单调乏味、似乎不合适或者没有引用 □ 频繁出现格式错误或使用错误的格式 □ 顺序编排似乎不合逻辑、杂乱无章或十分勉强 □ 拼写错误较多，即使常用词语也是如此 □ 经常出现标点符号缺失或错误，包括句末标点符号 □ 语法或习惯用法错误非常频繁，以至于很难集中注意力阅读并干扰意思的理解 □ 语气、风格不适合所布置的论文类型 □ 段落大多缺乏重点或连贯性
批判性思维	□ 论文体现了深入而独创的思想 □ 分析不仅合理而且合乎逻辑，对相关问题的理解很透彻 □ 事实报道、解释和分析与个人观点之间平衡得当 □ 作者在解释事实时不拘于表面现象 □ 使用生动而准确的细节来印证作者的论点 □ 论文令人信服而满意	□ 有一些独到的观点，但很多观点过于简单 □ 分析总体上合理，但逻辑或理解上存在失误 □ 事实报道、解释和分析与个人观点之间似乎不太平衡 □ 论文表现出对相关论题的理解但缺乏深度 □ 所纳入的细节总体准确，但给读者留下了疑问需要填充更多信息 □ 论文让读者感到有点可疑和不满意	□ 独创性的观点很少；大多数观点过于简单 □ 分析较为肤浅或不合逻辑，作者似乎很难理解相关问题 □ 事实报道、解释和分析与个人观点之间明显不平衡 □ 作者似乎误解或遗漏了关键问题 □ 细节很少或者大部分细节看上去不相关 □ 论文不能让读者信服
内容	□ 论文主题与促进个人、社会/文化/政治或范式变化相关 □ 论文完整，而且没有遗漏主题的任何重要方面 □ 作者很好地把握了已知的内容、普遍接受的内容和有待发现的内容 □ 对所呈现的信息赋予了适当的意义而且很少纳入不相关的信息 □ 对论文主题与相关主题进行了关联，从而增强了读者的理解 □ 专业术语（如使用）使用正确且准确 □ 作者看上去是在根据个人知识或经验进行写作	□ 论文主题与促进个人、社会/文化/政治或范式变化相关 □ 论文大体上完整，但遗漏了至少一个与主题相关的重要方面 □ 作者很好地把握了相关信息，但未能区分已知的内容、普遍接受的内容和有待发现的内容 □ 论文往往不恰当地使用信息，或者包含很多不相关信息 □ 很少与相关主题进行关联 □ 专业术语有时使用不正确或不准确 □ 作者似乎根据个人知识或经验进行写作，但难以将一般性的观察转换为具体内容	□ 论文与促进个人、社会/文化/政治或范式变化的关联需要显著增强 □ 论文显然不完整，遗漏了主题的很多重要方面 □ 作者对相关信息把握不佳 □ 论文经常不恰当地使用信息或使用不相关的信息 □ 没有与相关主题进行关联，因此无法澄清所呈现的信息 □ 经常误用专业术语 □ 论文似乎是对任务的简单复述或对某个问题简单、过于宽泛的回答，几乎体现不出作者自己的专业知识

图 3-3　论文型评价量表设计样例

四、技能型评价量表

技能型评价量表可分为实验操作型评价量表、项目操作型评价量表和技能操作型评价量表。

1. 实验操作型评价量表

实验操作型评价量表设计样例如图 3-4 所示。

在实验室进行实验的评价量表

	典 范	合 格	有待改善
材料	所有必要材料都有并在实验报告中注明。材料适合于实验程序。学生没有浪费材料	所有必要材料都有，但未全部在实验报告中注明，或者部分材料缺失而且必须在实验程序中获取。材料适合于实验程序	所有必要材料都没有而且未在实验报告中注明。材料不完全适合于实验程序而且/或者有一些重大遗漏
程序	实验程序设计完善而且实现了对所有选定变量的控制。实验程序的所有阶段均在实验报告中注明	实验程序本可设计得更高效，但实现了对所有选定变量的控制。实验程序的大部分阶段在实验报告中注明	实验程序未实现对所有选定变量的控制。实验程序的很多阶段未在实验报告中注明
礼仪和安全	执行实验程序时，学生保持整洁、尊重他人、注意安全，而且保持实验区干净	执行实验程序时，学生基本保持整洁、有时尊重他人、有时注意安全，而且只有被提醒后才会保持实验区干净	执行实验程序时，学生未保持整洁、未尊重他人、未注意安全，而且即使被提醒实验区仍然处于杂乱状态
目的	阐明了研究问题和假设，而且两者之间的关系明确。选择了变量	阐述了研究问题和假设，但其中之一或两者不够清楚而且/或者两者之间的关系不明确。选择了变量	未阐明研究问题和假设，而且两者之间的关系不明确或未阐述。未选择变量
资料收集	适当而明确地记录了原始数据（包括单位）。注明了数据表的标题	记录了原始数据（包括单位），但不够明确或适当。注明了数据表的标题	未适当而明确地记录原始数据（包括单位）。未注明数据表的标题
数据分析	数据的呈现方式（图表、表格、图形）极易理解和解释。包含误差分析	数据的呈现方式（图表、表格、图形）可以理解和解释，但不够明确。包含误差分析	未明确呈现数据（图表、表格、图形）。未包含误差分析
实验评价	充分解释了实验结果并与文献资料中的数值进行比较。讨论了局限性和弱点，提出了限制或消除这些局限性和弱点的建议	解释了实验结果并与文献资料中的数值进行比较，但不够充分。讨论了局限性和弱点，但几乎未提出限制或消除这些局限性和弱点的建议	未以合乎逻辑的方式解释实验结果或未与文献资料中的数值进行比较。既未讨论局限性和弱点，也未提出限制或消除这些局限性和弱点的建议

图 3-4　实验操作型评价量表设计样例

2. 项目操作型评价量表样例

项目操作型评价量表设计样例如图 3-5 所示。

工作室专用评价量表

	精 通	熟 练	入 门
出勤	学生在工作室缺课不超过一次 学生总能按时到达而且没有早退	学生在工作室缺课不超过两次 学生迟到或早退不超过两次	学生在工作室缺课3次或以上。如记录=W;如未记录=F
行为举止	学生总是周到且高效地帮助准备和整理材料	学生大多时候帮助准备和整理材料。努力但不一定总是高效	学生没有帮助准备或整理材料而且/或者起破坏作用
互动	学生与工作室内的其他人交往时恭谦有礼,而且在帮助解决困难时表现出领导力	学生与他人交往时恭谦有礼但几乎未表现出领导力	学生有时对他人粗鲁无礼而且有破坏性,从而让他人难以进行创作
创造力	学生尝试了教师介绍的所有艺术媒介、风格和原则,而且努力将新知识加入个人作品中	学生尝试了教师介绍的大部分艺术媒介、风格和原则,但未能有效将这些要素与个人作品关联起来	学生有几次拒绝尝试新的艺术媒介、风格和原则而且/或者对这类尝试不屑一顾或者很草率
毅力	学生娴熟地完成布置的全部5个专题 面对困难时,学生尽一切努力克服困难,从不放弃或承认失败	学生上交了布置的全部5个专题,但一些不完善而且/或者未完成 面对困难时,学生在放弃而且/或者承认失败前努力克服困难	学生没有上交布置的5个专题 面对困难时,学生一般很容易放弃而且/或者做出破坏性的反应

图3-5 项目操作型评价量表设计样例

3. 技能操作型评价量表

技能操作型评价量表可分为综合技能操作型评价量表和单向技能操作型评价量表。综合技能操作型评价量表设计样例如图3-6所示。

乘务员技能操作评价表

单位: 姓名: 工号: 年 月 日 成绩:

项目/内容	机车发生惩罚制动的检查处理	开始: 时 分 计: 分 结束: 时 分	鉴定人:		
要求标准	超过10分钟失格		标准	扣分	得分
现象	机车运行中,牵引失效,制动显示屏(LCDM)显示“动力切除”“安全惩罚制动,将大闸手柄置抑制位消除惩罚制动”		10		
原因分析	1. 机车运行中,司机没有按规定按压“警惕”(脚踏)按钮		5		
	2. 制动系统故障		5		
	3. 控制电路断电(如电钥匙断开)		5		
	4. 警惕装置故障		5		
判断程序	1. 发生惩罚制动时伴随以下现象:指针无显示;制动显示屏(LCDM)显示屏各管压值显示*等;查阅制动显示屏(LCDM)显示屏出现两种以上工厂代码等异常记录,则可判明为CCB Ⅱ制动机的MIPM故障		10		
	2. 发生惩罚制动后,司机将大闸手柄置抑制位1秒,消除惩罚制动。如无法消除惩罚制动,应检查微机显示屏的故障信息,按故障信息提示进行处理		10		
	3. 将大闸手柄置“抑制位”1秒,消除惩罚制动后恢复正常,则为司机没有按规定按压“警惕”(脚踏)按钮		10		
	4. 惩罚制动消除后,若运行中仍频繁出现惩罚制动,则为警惕装置故障		10		

图 3-6

续上表

要求标准	超过10分钟失格	标准	扣分	得分
处理方法	1. MIPM故障，则根据具体情况确认是否继续运行（如发生在区间，尽力维持到前方车站；如发生在站内，则不再前行）	10		
	2. 如控制电路断电，可恢复	5		
	3. 警惕装置故障时，向段、车间相关人员汇报后，可将警惕装置隔离开关置“隔离位”切除警惕装置维持运行	5		
综合评语				

图3-6 综合技能操作型评价量表设计样例

单向技能操作型评价量表设计样例如图3-7所示。

单向技能操作评价表

部门： 姓名： 成绩：

<table>
<tr><td colspan="2">单向技能任务</td><td colspan="4">惩罚制动处理</td></tr>
<tr><td colspan="2" rowspan="2">时间</td><td>日期</td><td colspan="3">年 月 日</td></tr>
<tr><td>开始： 时 分</td><td>结束： 时 分</td><td colspan="2">计： 分</td></tr>
<tr><td>失格条件</td><td colspan="5">1. 规章要求：不遵章守纪
2. 安全要求：(1)违反警告（由于错误操作引发的危险，有死亡或重伤的可能性）1次，或违反注意事项（由于错误操作引发的危险，有可能受到中等程度损害和轻伤以及物质损害）造成较严重后果1次；(2)违反注意事项2次
3. 工艺要求：不按规定要求使用机械、工具
4. 时间要求：超过10分钟</td></tr>
<tr><td>序号</td><td colspan="3">项 目</td><td>标准</td><td>得分</td></tr>
<tr><td>1</td><td colspan="3">现象描述：</td><td>20</td><td></td></tr>
<tr><td>2</td><td colspan="3">（判断）处理：</td><td>30</td><td></td></tr>
<tr><td>3</td><td colspan="3">原因分析：</td><td>30</td><td></td></tr>
<tr><td>4</td><td colspan="3">自我反思与评价：
对照标准，遗漏哪些内容（包括操作步骤）；完成任务过程中操作规范标准；此任务相关理论知识点解析</td><td>20</td><td></td></tr>
<tr><td>综合评语</td><td colspan="5">鉴定人：</td></tr>
</table>

图3-7 单向技能操作型评价量表设计样例

<table>
<tr><td colspan="4">阶段一</td></tr>
<tr><td>任务名称</td><td colspan="3">设计__________评价方案</td></tr>
<tr><td>设计方法</td><td colspan="3"></td></tr>
<tr><td>评价方案
内容</td><td colspan="3"></td></tr>
<tr><td>成果</td><td>□评价方案报告(附页)</td><td>□汇报讲稿</td><td>□汇报 PPT</td></tr>
</table>

注:根据内容可加页。

阶段二
一、设计人讲解____________评价方案内容 二、小组讨论每位成员完成的____________评价方案
讲解过程中发现的问题：
小组讨论发现的问题：

注：根据内容可加页。

<table>
<tr><td>阶段三</td></tr>
<tr><td>设计__________评价方案过程反思</td></tr>
<tr><td>做得好的方面：</td></tr>
<tr><td>需要改进的方面：</td></tr>
<tr><td>指导教师评价：</td></tr>
</table>

注:根据内容可加页。

学习情境四　培训方法设计

培训方法在传授培训内容时起到至关重要的作用，在培训过程中，应该根据不同的培训条件，使用不同的培训方法。

一、培训方法的概念

培训方法是指在培训过程中为达到培训目标和培训要求，完成培训活动内容，教师与学习者所采取的操作规范和步骤。

二、培训方法的种类

适宜铁路系统培训的方法主要有讲授法、演示法、练习法等。

1. 讲授法

讲授法是教师运用口头语言系统地向学习者传授知识内容的教学方法。讲授法适合用于比较抽象的、理论性比较强的内容，如叙述事实、解释概念、论证原理、阐释原则等。

讲授法包括讲述、讲解、讲读和讲演四种方式。

(1)讲述

讲述是教师用生动形象的语言，对教学内容进行系统地叙述或描述，促进学习者理解和掌握知识的讲授方式。

讲述可分为叙述式讲述和描述式讲述两种方式。叙述式讲述和描述式讲述的相同之处在于：都是说事，而不是说理。其不同之处在于：叙述式讲述的语言简洁明快，朴实无华；描述式讲述的语言细腻形象，生动有趣。两种方式的使用时机见表4-1。

表4-1　叙述式讲述和描述式讲述使用时机

讲述方式	使用时机
叙述式讲述	在文科教学中用于叙述学习要求、政治事件、社会面貌、时代背景、人物关系、故事梗概、写作方法、历史事实、地理状况等；在理科教学中用于叙述学习要求、数量之间的关系、自然现象的变化、物体结构和功能、生物种类和遗传、实验过程和操作方法等
描述式讲述	在文科教学中用于刻画人物、描绘环境、介绍细节、渲染气氛、表达感情等；在理科教学中用于描述与课题内容密切相关的科学家或发明家的经历或业绩

(2)讲解

讲解是教师对教材内容进行解释、说明、阐述、论证的讲授方式,通过解释概念含义,说明事理背景,阐述知识本质,论证逻辑关系,达到使学习者理解和掌握知识的目的。

讲解与讲述的不同点是:讲述重在描述事物和现象,叙述事件发生和发展的过程,为概念或理论的学习做准备。讲解重在对复杂的问题、概念、定理和原理等,进行解释、推理或论证,促进学习者发展逻辑思维能力。

讲解主要有三种方式:

①解说式。运用学习者熟悉的事实、事例,说明事物的本质属性和基本特征,引导学习者理解概念,从感性认知向理性认知发展。

②解析式。解释和分析规律、原理和法则,主要通过归纳或演绎两种途径实现。归纳是通过分析事实、经验或实验,抓住共同要素,概括本质属性,综合基本特征,获得结论并付诸实践;演绎是通过先讲解一般规律、原理和法则,再列举正反实例,加以应用付诸实践。

③解答式。从生活中引出或直接提出问题,明确解决问题的标准,提出解决问题的办法,通过逻辑推理得出结果,具有一定的探索性。

(3)讲读

讲读是在讲述、讲解的过程中,把阅读材料的内容有机结合起来的一种讲授方式。通常是一边读一边讲,以讲导读,以读助讲,随读指点、阐述、引申、论证或进行评述。这种讲授方法在语文教学中较为常用。

讲读主要有五种方式:

①范读评述式。一篇课文由教师或学习者分段范读,边范读边评述。

②词句串讲式。在讲读课文时,在具体的语言环境下分析文中词句,筛选重点词句并板书。

③讨论归纳式。读课文时遇到容易使学习者困惑、起争议的地方,引导学习者进行讨论并反思。

④比较对照式。读完课文后,比较文中的人与人、事与事、物与物,在同中求异或异中求同的过程中讲授知识,指导学习。

⑤辐射聚合式。联系先前学过的文体相同、主题相近、写法相似的课文,对二者进行分析比较,综合概括。

(4)讲演

讲演是讲授的最高形式。它要求教师不仅要系统、全面地描述事实、解释道理,而且还要利用深入地分析比较、综合概括、推理判断、归纳演绎等抽象思维手段,让学习者理解和掌握理论知识,形成正确的立场、观点和方法。

通常,讲演的时间最好控制在 18 分钟以内。因此,不要试图把所有东西都纳入一个短短的演讲,而应当细节化内容。但是,过度阐述细节内容也不可行。正确的方法是让学习者自己去探索并归纳出结论。

2. 演示法

演示法是教师通过展示各种实物、教具,进行示范性实验,或通过现代化教学手段将抽象、复杂的教学内容直观化,提高学习者的学习兴趣、发展观察能力和抽象思维能力,减少学习者获取知识时遇到困难的教学方法。

演示法常常配合讲授法、谈话法一起使用。

随着自然科学和现代技术的发展，演示手段和种类日益增多，根据演示材料的不同，有实物、标本、模型的演示；图片、照片、图画、图表、地图的演示；实验演示；幻灯片、录像、录音、教学电影、虚拟现实、全景空间的演示等。根据演示内容和要求的不同，有事物现象的演示和以形象化手段呈现事物内部情况及变化过程的演示。

（1）操作演示

现场操作示范类似于工作岗位中师傅带徒弟的形式，就是"你想让学习者怎么做，你先做给他看看"。现场操作示范一般需要在特定的场所进行，需要专用的设施设备，由教师本人亲自完成操作，因此对教师的操作水平和专业性要求比较高。

（2）视频演示

信息技术的发展也给教学带来了便利。教师可以把需要现场示范的内容拍摄成教学视频，在课堂教学时播放视频，这样既可以减少现场示范可能存在的风险，还可以降低教学场所的限制。

（3）图片或动画演示

对于一些比较枯燥、抽象的教学内容，教师可以使用图片或动画来增加内容的直观性和生动性，给学习者带来视觉刺激，使学习者的注意力保持集中并促进记忆。

提示：通过图片展示或播放视频的方式进行演示，画面应该清晰，保证适宜的声音、亮度和颜色，使所有学习者都能清楚地看到演示的内容。

3. 练习法

练习法是在模拟情境条件下进行实践操作训练的教学方法。

练习法主要包括心智技能练习、动作技能练习、文明行为习惯练习三种类型。心智技能练习主要包括如阅读、作文、计算技能的练习等；动作技能练习只要包括如体育技能、劳动操作技能的练习等；文明行为习惯练习主要包括如卫生习惯、礼貌习惯、守时习惯的练习等。其中，对于动作技能练习，练习结果（学习过程的进步情况）与练习时间关系曲线如图 4-1所示，该曲线称为练习曲线，又称学习曲线。

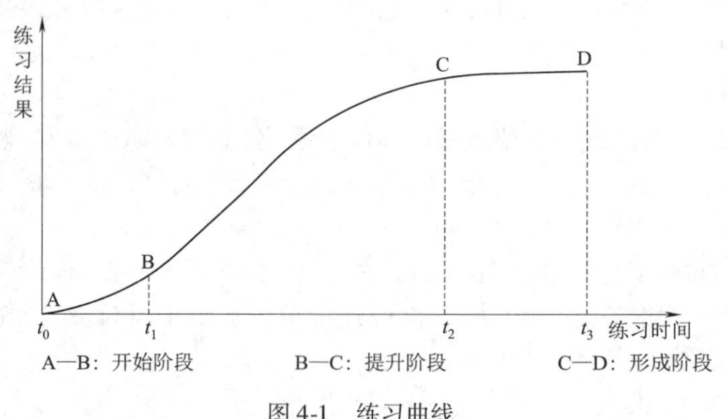

图 4-1　练习曲线

由图 4-1 可以看到练习过程大致可分为三个基本阶段：开始阶段，曲线上升慢；提升阶段，曲线上升快；形成阶段，上升速度逐渐减慢，直至出现停滞状态，或称高原状态。由于各门学科练习的性质不尽相同，练习曲线的表现特点也各不一样，而且学习同一种技能的速度，也常常因学习者而异，在练习曲线上则明显地表现出个别差异。在动作技能练习过程中，教师需要根据练习曲线所呈现的特点和学习者的个别差异性，有计划、有组织、有步骤地进行教学活动。

三、培训方法的选用原则

在培训过程中，应根据培训内容、培训目标、学习者特征、培训环境、培训时间、培训技术条件等选择恰当的培训方法，主要遵循以下原则。

1. 要与培训内容相适应

培训内容主要包含知识、技能和态度三种类型。

以铁路机车车辆驾驶人员资格考试为例，理论考试包括规章和专业知识两项内容，需要学习者实实在在地记和背，培训教师需要根据考试范围提供足够的知识量，这就是多“动脑”；实际操作考试，学习者必须坐在机车驾驶室里实际操作才能真正学会，培训教师需要给学习者提供多次操作练习的机会，这就是多“动手”。此外，行车安全意识的培养也是重要内容，不可能让学习者出现行车事故才醒悟过来，这就需要培训教师通过讲述事实案例、播放事故视频等，使学习者获得间接体验，从而达到培养安全意识的效果，这就是“动情”。

2. 要以培训目标为依据

培训目标是指培训活动的目的和预期成果。不同的培训目标应选用不同的培训方法，课程内容的培训目标与培训方法的选择见表4-2。

表4-2　培训目标与培训方法选择表

内容分类	培训目标层次及描述	可选用培训方法(参考)
知识	了解：能回忆事实性知识；能识别、辨认事实，能列举例子进行说明；能描述出基本信息	讲授法、视频培训法、提问法、图示法
	理解：能解释、推断、区分新旧知识；能说明事物并提供证据；能收集、整理信息等	讲授法、测试法、小组讨论
	应用：能将学到的概念、原理等应用到实际问题情境中	角色扮演、情景模拟、案例分析
技能	模仿：能根据示范和他人指导进行模拟操作	示范培训法、视频培训法、图示法、指导法
	独立操作：能根据自己的理解，独立准确地完成操作	角色扮演、情景模拟、实操练习
	熟练操作：能根据需要选择和评价操作环境，能在新的情境下熟练运用自己的技能	角色扮演、情景模拟
态度	经历(感受)：经历活动的全过程，说出感性认识	讲授法、故事法、视频培训法
	反应(认同)：在经历基础上获得并表达感受、态度和价值判断，做出相应的动作和反应等	角色扮演、情景模拟、案例分析、小组讨论
	领悟(内化)：建立稳定的态度、一贯的行为习惯和个性化的价值观等	角色扮演、辩论

3. 要以培训情境为基础

培训情境是培训过程实施的重要依托,影响培训方法的选择。培训情境主要包括学习者的状态和培训的环境条件等。在培训过程中,培训教师应根据培训情境合理选用恰当的培训方法。

(1)了解学习者的状态

培训教师要提前了解学习者参加培训课程前的基础,并在培训过程中了解学习者的意愿和学习能力,对于不同状态的学习者,应选择适宜的培训方法,调动学习者的学习积极性。例如:对于知识基础较差且有一定学习意愿的学习者,教师可选择讲授、视频等方法,提高学习者的知识储备,激发其学习的积极性;对于学习意愿较低的学习者,教师可采用提问、指导、示范等方法,激发学习者提升学习兴趣;对于有一定基础且学习意愿及学习能力较高的学习者,教师可选择案例分析、小组讨论、角色扮演、情景模拟等方法,促进学习者自主学习,同时让学习者获得"成就感",进一步强化学习者的学习行为;对于学习能力较低的学习者,教师可采用讲解、示范、视频等方法,帮助学习者理解知识与技能,提升学习效果。

(2)熟悉培训环境和条件

①培训人员多少的影响。通常分组讨论、角色扮演等不适用于人数较多的培训,而讲授法和视频培训等方法不受培训人数的限制。

②培训时间长短的影响。通常案例分析、角色扮演、情景模拟等方法一般需要较长的时间,而讲授法、指导法等则可根据时间长短灵活实施。

③培训场地大小及技术条件等的影响。例如:应考虑培训场地的大小及是否有视频播放设备、是否有示范操作设备、是否适合分组讨论等。

4. 要与学习者的学习风格匹配

学习风格是指学习者在学习时所具有或偏爱的学习方式,即学习者在研究和解决其学习任务时所表现出来的具有个人特色的方式。

培训方法的选择应与学习者的学习风格相适应。学习风格和学习方法关系见表4-3。

表4-3 学习风格和学习方法的关系

类型	特点	主要适用的学习方法
视觉型	视觉接受效果好,善于阅读、易看懂图表,书面测验成绩好等	视频、图像、画图表、使用概念图做笔记或组织信息、想象中的活动、运用模拟表演进行学习、运用多媒体计算机和互联网创设虚拟仿真情境等
听觉型	善于通过接受听觉刺激进行学习。接受口头指导、自己的口头表达能力强	听故事、演奏、歌曲、讲座、讨论等
动觉型	喜欢通过双手和整个身体运动进行学习,运动节律、平衡感好,易操作装配事物等	舞蹈、运动、游戏活动、扮演角色、动手操作、调查旅行、利用模型、机器和各种工具等

5. 要与认知类型匹配

人的认知主要有感性认知、理性认知和连通认知三种类型。

(1)感性认知

感性认知是指人们通过外感官[眼、耳、口(说和味觉)、鼻、身体触觉等]直接感受现象、事物的外部联系，通过内感官建立有区别的图像、音频、视频、气味、触觉等概念获取知识（对事物的表面特征的描述），是知其然（知道谁，知道在哪，知道关系是什么）的过程。

感性认知具有感觉、知觉和表象三个阶段。各阶段说明见表4-4。

表4-4 感性认知的三个阶段及其说明

阶段	说明
感觉	感觉是人对事物的最初反映，它反映事物表面的个别属性 感觉可分为视觉、听觉、嗅觉、味觉、触觉
知觉	知觉是对客观事物表面现象或外部联系的综合反映，它为主体提供客观对象的整体映象。知觉不是感觉的简单总和，它是主体依据以往的经验和知识对感觉所提供的各种特征和外部联系分析和综合的产物。知觉已经显示出事物的主要外部特征以及现象的各要素之间的整体联系。知觉的整体性结构是主体进行新的概括、形成表象的基础
表象	表象是曾经作用于感官的事物的外部形象在人的意识中的保存、再现或重组。表象按其性质可分为记忆表象（又称再现性表象）和想象表象（又称预见性表象）；按照概括的程度，可分为个别表象和一般表象。表象不是知觉形象的简单重复，它再现的不是客观事物的全部联系和特性，而仅仅是那些最有代表性的、对人的实践活动最重要的特征。人的表象是对事物的功能和意义的理解和概括

（2）理性认知

理性认知是在感性认知的基础上，借助于抽象思维对事物的本质、内部联系更进一步的认知过程。它是以事物的本质规律为认知对象，对事物内在联系的认知，即知其所以然（知道什么，知道怎样，知道为什么）的过程，具有抽象性、间接性、普遍性。

理性认知具有概念、判断、推理三种形式。各种形式说明见表4-5。

表4-5 理性认知的三种形式及其说明

形式	说明
概念	反映事物本质属性的思维形式，是构成科学体系核心的逻辑要素
判断	反映事物关系的思维形式，是对事物的状况和性质有所判定的思维形式。在概念的基础上对事物的各种关系进行区分、识别
推理	由已知合乎规律地推出未知的思维形式，是通过对某些判断的分析和综合再引出新的判断的过程

（3）连通认知

连通认知是在理性认知的基础上，通过连通知识与技能网络上的各个节点，重新构架多维网状节点间的管道（路径），使学习者具备理解知识、灵活运用知识与技能解决问题的能力，即不仅知道如何应用知识解决实际问题，而且能够创新知识。例如：根据压力表针指示、制动显示屏显示及各种提示，分析故障发生的可能处所，并提出可行的解决方案，落实方案评价效果等。

关联知识

故事是一种侧重于事情过程的描述，强调情节跌宕起伏的文学体裁。它可以解释为旧事、旧业、先例、典故、花样等含义,较适于口头讲述。本书所讨论的故事侧重于对工作过程的描述,以及将故事中的事情和工作领域的场景联系起来。采用麦肯锡 SCQOR 故事展开法可以有效地把"工作过程中的事情",转化为适宜培训使用的故事,提升培训内容的口头讲解性。

麦肯锡 SCQOR 故事展开过程如图 4-2 所示。SCQOR,每个字母分别代表 Situation(设定情景)、Complication(发现冲突)、Question(确定问题)、Obstacle(排除障碍)、Resolution(解决问题)。

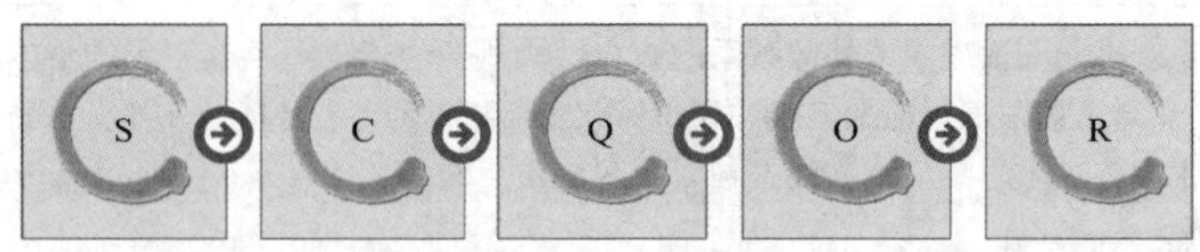

图 4-2 麦肯锡 SCQOR 故事展开过程示意

1. Situation(设定情景)

设定情景有两个作用,一是交代处于稳定状态故事背景;二是限定故事范围。故事范围是指故事要在设定的情景下展开。

2. Complication(发现冲突)

冲突就是打破情景的稳定性。发现冲突是描写出失去稳定状态导致的混乱状态,包括遇到的复杂问题或是遇到的挑战。

3. Question(确定问题)

诊断发现冲突阶段提出的混乱状态,找出什么样的问题对学习者而言是重要的、急需解决的。一般而言,问题包括恢复原状型问题、预防隐患型问题和追求理想型问题三种类型。

(1)恢复原状型问题

恢复原状型问题是指当前存在的问题。解决问题的技术路线是排除障碍,使其恢复原状。例如:在机械设备运用与维护工作任务中,这类问题是指将已经损坏的设备(零部件)修理好或替换。

恢复原状型问题的解决方案通常包括掌握现有状况、应急处理、分析原因、根本措施、防止复发等内容。

(2)预防隐患型问题

预防隐患型问题是指当前潜在的,未来不定时发生的问题。解决问题的技术路线以时间为依据,根据生产计划和经验,按规定的时间间隔进行检查,以预防问题的发生。在机械设备运用与维护工作任务中,这类问题是指目前所普遍采用的计划维修或定期维修,如大、中、小修等。

预防隐患型问题的解决方案通常包括假设不良状态、诱因分析、预防策略、发生时的应对策略等内容。

(3)追求理想型问题

追求理想型问题是指经过改变使系统更加完善的问题。解决问题的技术路线以提高效益和安全性为依据，应用新的科学技术手段对系统进行延续性技术革新或者颠覆性技术创新。在机械设备运用与维护工作任务中，这类问题是指工艺改进、技术创新等。

追求理想型问题的解决方案通常包括掌握现有状况、选定理想目标、实施策略等内容。

4. Obstacle（排除障碍）

排除障碍是指在执行解决问题方案的过程中，分析排除障碍的有利条件和不利条件，并在此基础上落实方案、诊改方案，消除障碍。

5. Resolution（解决问题）

解决问题是指实施解决问题的方案，并通过反思创新该方案。

任务　设计培训方法实操方案

【知识与技能目标】

目标	目标要求
知识	理解培训方法的概念
技能	1. 能够独立或协同完成培训方法实操方案的设计 2. 能够独立按照培训方法实操方案进行教学

培训方法实操方案设计包括整体设计、培训内容的逻辑设计、培训内容的呈现设计三个层次。

一、整体设计

整体设计是指对学习任务系统化规划的设计。整体设计框架包括 S、T、A、R 四个部分，如图 4-3 所示。

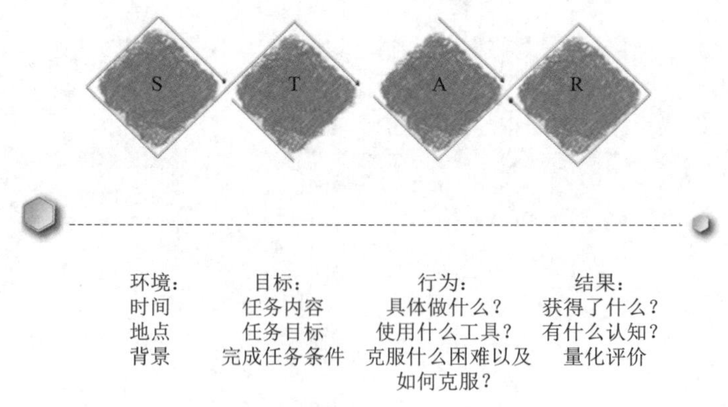

图 4-3　整体设计框架示意

1. S

S 是指环境（Situation），重点设计的内容包括了解学习任务实施的时间、地点和背景等。其中，背景也包括学习者的类型和学习风格特征、学习者的学习动机、学习者需求等。

2. T

T 是指目标（Task），重点设计的内容包括了解学习任务的内容、目标以及完成条件等。其中，学习内容完成条件包括选定的培训方法的关键点、选定的培训方法如何能够帮助学习者解决问题以及解决了哪些问题等。

3. A

A 是指行为（Action），重点设计的内容包括学习者在培训过程中具体做的工作内容和表现、使用的工具、工作中遇到的困难（问题）以及解决的技术方法等。

4. R

R 是指结果(Result),重点设计的内容包括检验是否实现了学习任务的目标、量化评价学习者是否掌握了培训的内容以及应用知识与技能解决问题的能力等。

二、培训内容的逻辑设计

培训内容的逻辑设计主要包括演绎推理逻辑设计、归纳推理逻辑设计、时间顺序逻辑设计、并列关系逻辑设计、主次关系逻辑设计等。

1. 演绎推理逻辑设计

演绎推理逻辑设计是先提出主题(结论或问题),然后将主题自上而下层层分解为关键信息、次要信息,最终形成内容逻辑独立点。演绎推理逻辑设计框架如图 4-4 所示。

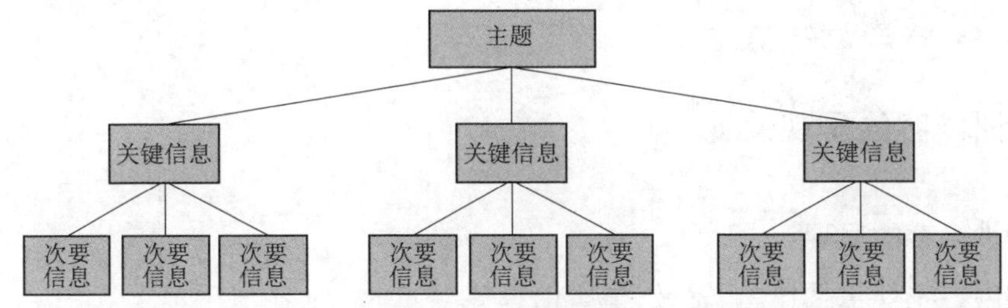

图 4-4 演绎推理逻辑设计框架

2. 归纳推理逻辑设计

归纳推理逻辑设计是通过不同观点的共性得出主题的过程、主题结果或推论。归纳推理逻辑设计框架如图 4-5 所示。

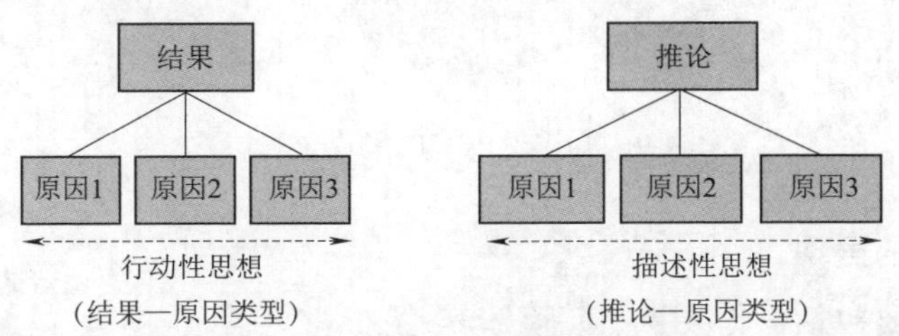

图 4-5 归纳推理逻辑设计框架

通常,归纳推理一般列出 3 ~4 个相近的观点,用以支持既有的想法或协助推导出新的观点。

3. 时间顺序逻辑设计

时间顺序逻辑设计是将主题按事件发生的时间顺序来分解为关键信息。时间顺序逻辑设计框架如图 4-6 所示。

4. 并列结构逻辑设计

并列结构逻辑设计是将整体分解为并列的几个部分。并列结构逻辑设计框架如图 4-7 所示。

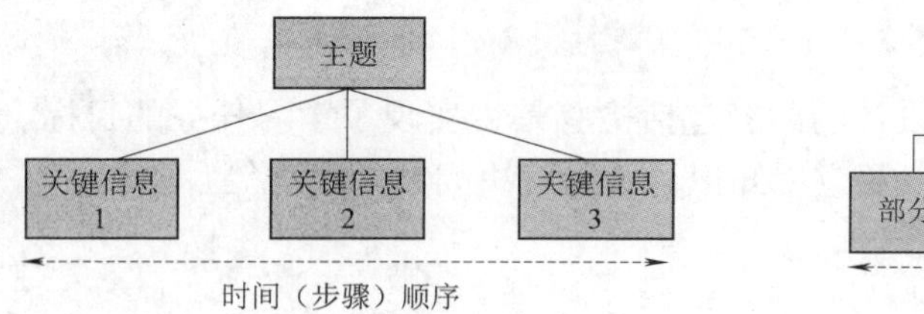

图 4-6　时间顺序逻辑设计框架

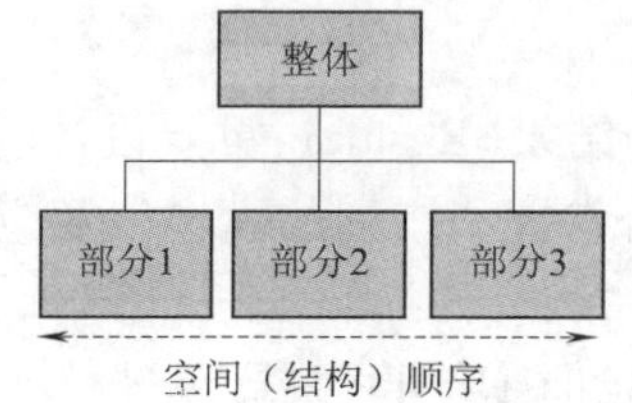

图 4-7　并列结构逻辑设计框架

5. 主次关系逻辑设计

主次关系逻辑设计是将主题(问题)按照问题的重要性,分解为关键问题和次要问题。主次关系逻辑设计框架如图 4-8 所示。

主次关系逻辑设计的应用原则是,应先呈现关键问题,再依次呈现并展开次要问题。

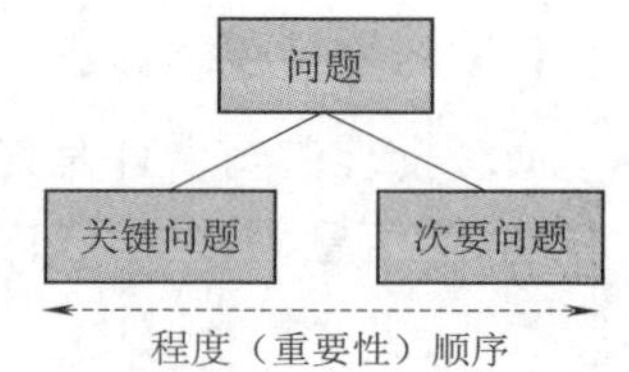

图 4-8　主次关系逻辑设计框架

三、培训内容的呈现设计

1. 知识性内容的呈现

知识性内容主要包括概念、定义、事实信息等。

知识性内容的呈现主要是帮助学习者产生记忆,并能联想到工作应用实际情况。知识性内容的呈现逻辑层次如图 4-9 所示。

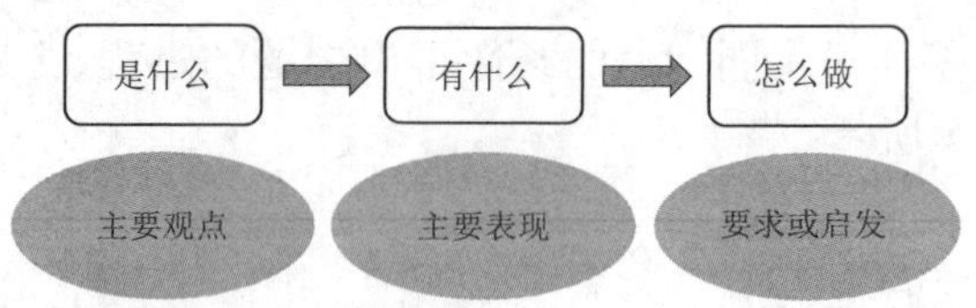

图 4-9　知识性内容的呈现逻辑层次

2. 说服性内容的呈现

说服性内容主要包括操作要点、流程、步骤等。

说服性内容的呈现主要是指导学习者怎么做,让学习者了解事物背后的原因,使其关注做法的必要性,并能联想到工作应用实际情况。说服性内容的呈现逻辑层次如图 4-10 所示。

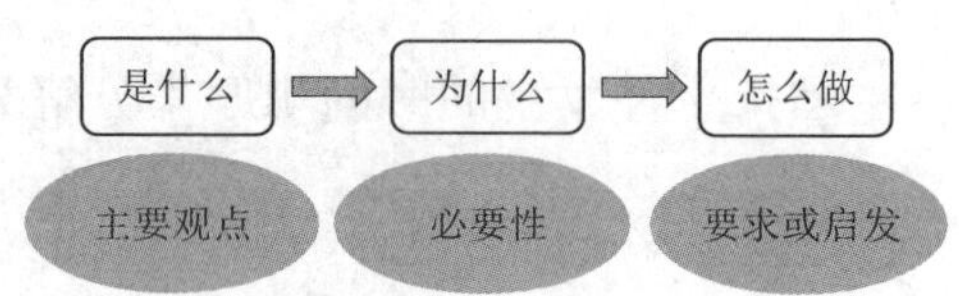

图 4-10　说服性内容的呈现逻辑层次

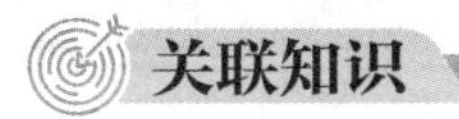

一、正例与反例的运用

如制动缸控制模块(BCCP)、109分配阀均衡部、转向架中继阀(JZ-8制动系统、Eurotrol制动系统)、104分配阀作用部、F8分配阀作用部、制动控制装置的中继阀(和谐号高速动车组)等都是制动缸压力控制模块这一概念的正例,它们有共同的本质特征。

109分配阀主阀、109分配阀紧急增压阀、16控制模块(16CP)、电子分配阀是制动缸压力控制模块这一概念的反例,它们没有共同的本质特征。

(1)呈现“列车管常用制动控制”的概念时,可用中继阀(104)、列车管控制模块(BCCP)作为正例,说明“均衡风缸压力变化与列车管压力变化的控制关系”是列车管常用制动控制概念的本质特征;用电动放风阀(98YV)、紧急放风阀(PEM)作为反例,说明“列车管紧急制动排气”是列车管常用制动控制概念的无关特征。

(2)呈现“列车管紧急制动控制”这一概念,可以由易到难举例,先以紧急制动阀(车长阀)、电空制动控制器手柄紧急制动位为例,然后以紧急停车按钮、制动控制单元(BCU)紧急制动控制为例。紧急停车按钮、制动控制单元(BCU)紧急制动控制在无关特征上彼此各不相同,另外,紧急停车按钮是人为操作通过电气线路传输指令信号,指令传输介质是硬线,而制动控制单元(BCU)是自动动作通过网络传输指令信号,指令传输介质是网络或硬线。这样可以防止外延的缩小。然后举出几个反例,如列车管漏泄、中继阀控制列车管排气,虽然它们也能使列车管排气,但不是紧急制动排气。这样可以防止外延扩大。

二、变式和比较

变式就是用不同形式的直观材料或事例来说明事物的本质属性,即变换同类事物的非本质特征,以便突出本质特征。

比较是通过对比事物性质之间的异同点,发现事物的本质特征和非本质特征。

<table>
<tr><td colspan="4">阶段一</td></tr>
<tr><td>任务名称</td><td colspan="3">设计__________培训方法实操方案</td></tr>
<tr><td>设计方法</td><td colspan="3"></td></tr>
<tr><td>方案内容</td><td colspan="3"></td></tr>
<tr><td>成果</td><td>□培训方法实操方案报告(附页)</td><td>□汇报讲稿</td><td>□汇报 PPT</td></tr>
</table>

注:根据内容可加页。

阶段二
一、设计人讲解____________培训方法方案内容 二、小组讨论每位成员完成的____________培训方法方案
讲解过程中发现的问题：
小组讨论发现的问题：

注：根据内容可加页。

阶段三
设计____________培训方法方案过程反思
做得好的方面：
需要改进的方面：
指导教师评价：

注：根据内容可加页。

学习情境五　培训媒体创建

一、培训媒体的概念

培训媒体是指承载、加工和传递培训信息的介质或工具。

二、培训媒体的分类

培训媒体分类方式、类型及其说明见表5-1。

表5-1　培训媒体分类方式、类型及其说明表

分类方式	类型	说明（典型例子）
媒体感知器官	视觉媒体	印刷品、图片、板书、教科书、挂图、标本、幻灯片、投影、模型、动画、展台等
	听觉媒体	口头语言、广播、录音、唱机、CD、语言实验室、MP3等
	视听觉媒体	指发出的信息主要作用于人的视觉器官和听觉器官的媒体。例如电影、电视、配音幻灯片、配音动画、DVD、VCD、激光唱盘、虚拟现实等
	交互多媒体	程序培训机、计算机辅助培训课件、语言实验室、微格培训训练系统、交互白板、虚拟穿戴设备、虚拟仿真设备等
物理性质	光学投影媒体	幻灯机和幻灯片、投影机和投影片、电影和电影片、录像机和录像带等
	电声培训媒体	电唱机、扩音机、收音机、语言实验室以及唱片、磁带等
	电视培训媒体	电视机、录放像机、影碟机、录像带、视盘、学校闭路电视系统和微格培训训练系统等
	计算机培训媒体	计算机、移动终端设备、网络教室、校园网、培训软件（课件）、虚拟现实等
数字化方式	数字媒体	计算机、数码相机、数字录像机、数字投影仪、DVD、VCD、虚拟现实等
	非数字媒体	胶片投影机、录音/录像磁带等
信息传输方向	单向传播媒体	电影、电视、广播、录音、CD、MP3、挂图、标本、幻灯片、投影、模型、展台等
	双向传播媒体	多媒体电脑、微信、钉钉、QQ等
历史发展	传统媒体	口头语言、印刷品、图片、画册、黑板、模型、实物、教科书、挂图、标本等
	现代媒体	由两部分构成：硬件和软件。硬件指与传递教育信息相联系的各种教学机器，如幻灯机、投影仪、电影放映机、电视机、录像机、计算机等。软件指承载了教育信息的载体，如幻灯片、投影片、电影胶片、录音带、录像带、光盘等

三、培训媒体的作用

(1)辅助优化培训过程中信息层次和维度,以适应学习者的学习风格。

(2)有助于提高培训过程中信息的传递效率。

(3)有助于培训资源的共建共享。

(4)有助于促进教师、学习者在培训过程中的角色转换。

(5)有助于探索和实现混合式教学模式,提高培训质量。

任务一　制作幻灯片

【知识与技能目标】

目标	目标要求
知识	理解幻灯片的概念
技能	1. 能够独立或协同完成幻灯片设计方案,并制作幻灯片 2. 能够独立应用幻灯片开展培训工作

自20世纪90年代开始,幻灯片作为演示工具,在各种讲演中得到了广泛应用。培训中使用的幻灯片主要有配合讲解型幻灯片和自主阅读型幻灯片两种类型。其中,配合讲解型幻灯片的作用是配合教师的讲授,其特点是简约、少字、多图。自主阅读型幻灯片的作用是配合学习者的自主学习,其特点是页面内容尽可能详尽,便于学习者在没有教师讲授的情况下理解幻灯片所要传递的信息。

一、幻灯片设计

幻灯片设计的目的是使幻灯片目标导向更强,内容价值和信息传递效益更高。幻灯片设计流程一般分为需求分析、结构设计、呈现设计和检验反馈四个阶段,如图5-1所示。

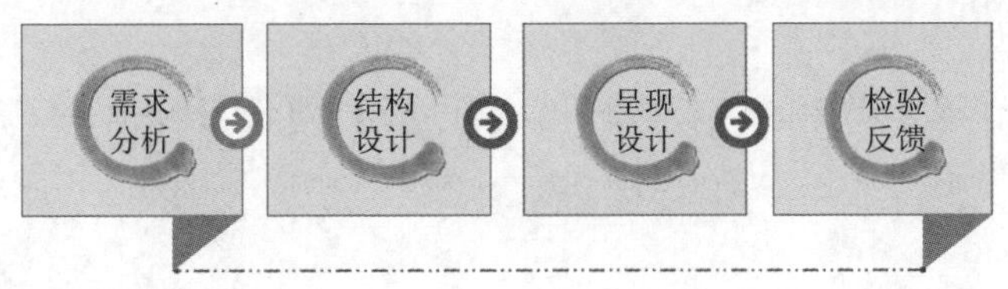

图5-1　幻灯片设计流程

1. 需求分析

需求分析可以考虑以下几个方面:

(1)为什么要做这次演示?给谁看?

(2)达到什么目的?你要说服谁?

(3)他对什么有兴趣?

(4)我最想传递的信息是什么?

(5)我们的价值交换点是?

(6)他熟悉材料吗?

(7)演讲的时长为多少?

2. 结构设计

结构设计是指幻灯片页面的逻辑顺序安排,一般包括开头、中间和结尾。幻灯片页面主要由封面页、摘要页、目录页、过渡页、内容页、总结页和结束页等构成,如图5-2所示。其中摘要页、过渡页和总结页根据需要具体设置。

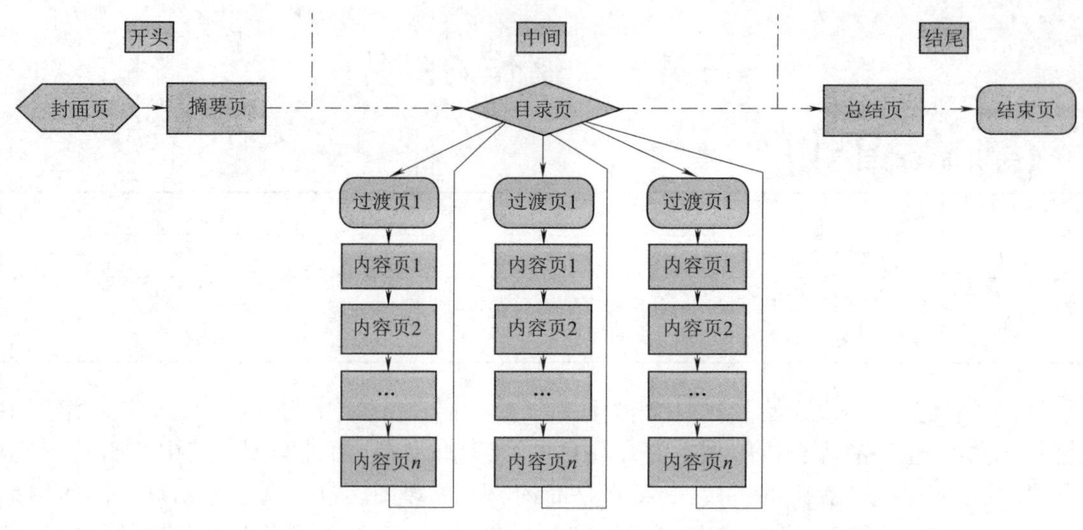

图 5-2 幻灯片页面结构

(1)封面页

封面页是幻灯片的首页,其作用是向学习者传递即将讲授内容的主题信息。

封面页可大致分为文字型、图文结合型两种。文字型封面的标题就是幻灯片的主题,一般分为左对齐、居中对齐、右对齐等三种方式。图文结合型封面首先选择适合的图片,再思考标题的位置,要既实现画面较强的视觉效果,又能达到页面视觉的平衡性。

(2)摘要页

摘要页是将幻灯片要讲述的内容进行概括性介绍,使学习者预先了解即将讲述的是什么内容。

(3)目录页

目录页的作用是使学习者在脑海中构建一个具有检索功能和导读功能的框架,并让学习者了解各部分内容之间的关联性。

(4)过渡页

过渡页又称为转场页,它是幻灯片各讲解单元之间的过渡与连接,即从一个讲解单元结束后转换至新的讲解单元时,通过过渡页的引导性标题或画面,使学习者能对新的讲解单元建立清晰预知,便于教师与学习者互动。

(5)内容页

内容页是幻灯片呈现讲解内容的页面,其作用是准确传达信息。

(6)总结页

总结页是将幻灯片所呈现的内容进行重复性、概括性小结。

(7)结束页

结束页是幻灯片的尾页,其作用是向学习者传递已经完成讲授的主题这一信息。

3. 呈现设计

(1)主题

幻灯片中的主题由颜色、字体和效果三部分组成,主题还包括背景样式,其作用是规范幻灯片基调。通常,采用母版来设置幻灯片主题,实现幻灯片统一风格。

主题可以应用于单张幻灯片,也可以应用于所有幻灯片。幻灯片的页数较少,或者内容内有章节区分时,可以考虑使用一套主题。幻灯片页数较多,或者内容有明确的章节区分时,就需要设置不同的主题。不同的主题设置方法如下:

①在幻灯片缩略图的间隙中点击鼠标右键,出现菜单。

②点击菜单中的新增节,使幻灯片分节。

③点击节的名字,选中该节的所有幻灯片。然后再点击设计选项卡下的主题,选择一种主题。这样,选中的节的所有幻灯片都应用上了这一套相同的主题,而未被选中的节及其幻灯片则不会应用上该套主题。

④重复操作③,为其他节设置不同的主题。

(2)页面排版

页面内容是幻灯片的灵魂,是决定幻灯片质量的关键因素之一。页面排版要注意以下方面。

①元素亲密

元素亲密是指要避免太多孤立元素(一般不超过5个),应将相关元素组织、整合排列在一起,创建关联,构成一个视觉单元,内容一体化使得页面从视觉上看更有条理,从而有意识地引导阅读顺序与视线移动,促进学习者更清楚地理解页面所表达的信息。

②元素对齐

幻灯片中的元素不可随意摆放,应保持对齐,使元素逻辑结构清晰。另外,每项元素应与页面上的内容存在视觉联系,使内容连贯,传达信息流畅。

不同对齐模式效果不同,例如文字间有四种对齐模式:左对齐、居中对齐、右对齐、两端对齐。具体选择哪种方式应依据内容决定。应避免一个页面出现多种文本对齐方式。

③元素重复

元素重复是指重复使用一些要素,例如相同的字体、字号,特定的颜色,图形的样式等反复出现;元素设置方式、文本和图形的布局设置方式重复;标题版式重复;内页版式重复等。重复会产生一条把所有内容链接起来的"线",使幻灯片的要素贯穿始终。

④元素对比

元素对比会创造兴趣点,为页面增加视觉效果,容易引起学习者的注意,让学习者印象深刻。常见的对比形式有:字体对比、大小对比、颜色对比、形状对比、深浅对比、距离对比、内容对比等。

(3)内容萃取

①明确内容逻辑关系

完整的内容呈现需要包括论点和论据两个部分。如果页面上只罗列了论点,这个页面只是一个"空架子"。为了让观点更有说服力,需要论据来支撑论点。论据通常包括文字、数据、图片、视频等。

②内容精简

一张幻灯片的空间有限,呈现内容很重要,但适当的留白也是十分必要的。对大段文字信息要有效删减,保留关键点。标题内容最好只有5~9个字,正文内容不要超过11~12行,一段话最好不要换行,慎用学习者不理解的英文缩写。

若实在无法删减,应将关键点进行视觉化处理,例如加大字号、更改字体、利用图形补充修饰化整为零(即将所要呈现的内容拆开后,放到几张幻灯片中)等。

(4)内容强调

①动画的使用

动画效果的添加就是胶片幻灯片和多媒体幻灯片的区别,适当而又精美的动画无疑可增加学习者的兴趣,帮助学习者更好地理解内容。但不恰当或过多的动画也可能会适得其反。另外,巧用动画的组合会使动画演变出无穷种的效果。

②图片的使用

人的大脑更容易接受视觉化的东西。图片是增强幻灯片可视化效果的核心元素,合理使用一张图片,能够帮助学习者更快解读幻灯片中的信息,其作用远超文字(文字更多地起到了注解的作用)。另外,图片要兼顾匹配性和故事性。匹配性是指要与当前表达的主题有关联;故事性是指最好能给人遐想的空间,将学习者带入"真实环境",产生共鸣。

(5)图表的使用

图表是表格数据的可视化表达方式,图表的使用可让学习者直观地看到数据之间的关系。图表的主要类型有:

图表的形式有以下几种:

①柱形图

柱形图用于对数据的大小进行直观地比较。柱形图的使用可以是对一个数据类别的比较,也可以是对多个数据类别的比较。

②饼图和圆环图

饼图和圆环图用于显示局部占总体比例的关系,饼图的数据项不宜过多,应保持在五六项以内最佳。

③条形图

条形图的作用与柱形图类似,可以看成是旋转90°后的柱形图。在使用条形图时,要让数据从大到小或从小到大排序,这样便于查看。

④折线图

折线图用于表达数据的走势、趋势,一般是以时间序列为依据,表示体现出某事物在一定时间顺序的发展趋势。折线图既可以显示出平滑线条,也可以显示于数据标记(就是折线图上的数据点)。

(6)文字的使用

①一页幻灯片中,字体使用不要超过三种,一般两种即可。标题和正文各选一种字体。字体颜色建议选择深灰色,避免黑色字体带来阅读上的生硬感受。

②选用恰当的字体让内容更具表现力。字形较粗的字体一般适用于表现力量感、稳重等内容情境中。字形较细的字体一般适用于表现纤弱、轻盈等内容情境中。书法字形的字体一般适用于表现豪放洒脱、个性化、自信等内容情境中。

提示:幻灯片的默认设置中标题字号是44号,一级文本32号,二级文本28号,共有五级文本。虽然默认级别较多,但建议用到二级文本即可。幻灯片投影时,最小字号不宜小于28号。

③美化文字时,除了改变字体、设置颜色外,还有一种方法,就是为文字添加纯色或半

透明的图形做底,这样既能突出文字信息又能美化文字。

(7)图文协调使用

①小图与文字

通过将小图片裁剪,增加辅助色块,让图片与一部分文字信息形成一体,整个构图会美观、协调。

②中图与文字

中等尺寸的图片适用于采用对比版式的页面,这样既能保证画面的质量,又能充分传递图片中的信息。

③全图与文字

以完整图片为背景,辅以少量文字来说明观点时,可以将文字简化到只有一句话。这样设计既保证重要的信息不被干扰,又可以让学习者能完全聚焦的主题上。

全图背景需要添加较多文字信息时,可以通过添加底衬的方式突出文字。

4. 检验反馈

检验某幻灯片中的不一致性或错误之处。通过同行、专家以及学习者的使用意见得到幻灯片的反馈信息,并且根据反馈信息及时修改幻灯片。

二、幻灯片使用

1. 环境准备

(1)检查投影仪和投影屏幕

①检查投影仪。接通投影仪电源,按下电源键,看投影仪能否正常点亮预热,然后观察显示亮度。如果显示亮度不够,或者自动熄灭(不是因为没有信号而自行休眠),那么要更换投影仪灯泡。

②调试水平与垂直位置。只要将投影仪的数据线连接到笔记本电脑,投影仪就会自动检测,并将笔记本电脑桌面显示到幕布上。这时按"MENU"键打开投影仪菜单,在"PC 调节"中进行水平位置、垂直位置、水平画面、垂直画面等设置。

③调整显示尺寸。在"显示"设置框中可对屏幕尺寸、梯形校正、投影方式等进行设置。

④调整显示色彩。在"色彩调整"设置框中可以对影像模式、对比度、亮度、色温等进行设置。

⑤检查投影幕布

应提前了解投影幕布信息。我国主流的投影屏幕是4:3和16:9。但是如果在一些特制的屏幕上进行演讲,那么尺寸可能是10:1,也可能是任意比例。为了避免在演示幻灯片时出现放映问题,最好先预演示幻灯片。

(2)确认设备兼容

如果演讲现场准备的计算机安装的是低版本软件,或是使用另一种幻灯片播放软件,可能会产生兼容性问题。

①对于 PowerPoint 版本的兼容性问题,可以考虑在安装低版本软件的计算机上安装兼容补丁。

②对于不同软件的兼容性,可以了解培训环境准备的计算机使用的软件,做出预先的修改。

③将制作好的幻灯片封装成为可执行文件。

④自己准备好播放幻灯片的设备。例如笔记本电脑,或是无线投屏设备。

另外,字体也存在兼容性问题。如果制作幻灯片中使用个性化字体,当在使用没有安装这种字体的计算机上进行播放时,这些字体通常被自动替换为宋体字来显示。为避免这种问题的发生,在保存幻灯片时,可通过选择将字体嵌入保存的方式解决。

2. 讲授

(1)必要的排练。教师应当熟记内容,将讲授的内容和幻灯片展示融合起来。

(2)提炼讲授中的关键点

在幻灯片演示过程中,一般都要对关键点进行提取,教师应当对于讲授的主题要有深刻的理解与认识,对于需要强调的关键点要有引申、有见解,争取引起学习者的共鸣。

(3)使用好肢体语言

①表情语言。讲授过程中,发自内心的微笑能够缓解现场气氛,丰富的面部表情可以成为激发学习者兴趣的关键点。

②眼神语言。讲授过程中,教师与学习者进行眼神交流,并且要兼顾多人。学习者提问时,教师要正视学习者。

③手势语言。讲授过程中,教师使用适当的手势,起到强化对口头语言传递的信息的作用。但是,教师的整体肢体动作要保持协调,不能过于夸张。

④移动语言。讲授过程中,教师适当地移动自己的位置,可以起到活跃现场气氛的作用。但是,教师移动位置的幅度不宜过大,移动过程中保持面向学习者。

关联知识

一、构图中的基本概念

1. 黄金分割构图

黄金分割构图又称三分法则,它是将整个画面在横、竖方向各用两条直线分割成等分的三部分,将元素放置在任意一条直线或直线的交点上。

2. 平衡式构图

平衡式构图是将元素均衡摆放在画面上,这样的画面结构完美无缺,安排巧妙,对应而平衡。

3. 变化式构图

变化式构图是指将元素安排在某一角或某一边。这样的画面能给人以思考与想象,并留下进一步判断的余地,富于韵味和情趣。

4. 对称式构图

对称式构图是指将元素进行对称摆放。这样的画面具有平衡、稳定、相对的特点。其缺点是呆板、缺少变化。

5. 斜线式构图

斜线式构图是利用斜垂线、斜横线安排特定的元素,达到一个固定导向的作用。

6. X 形构图

X 形构图是指将线条、影调按 X 形布局,这样的画面透视感强。

7. 十字形构图

十字形构图是指将元素呈正交十字形布置。这种画面多用于有稳定排列组合的物体,或者有规律的运动物体等。

8. 三角形构图

三角形构图又称金字塔构图,是指图中的主要元素形成一个三角形轮廓,或者有三处主要元素最为突出,可以连成一个稳定的三角形。这样的画面具有安定、均衡、灵活等特点。

9. 水平线构图

水平线构图具有平静、安宁、舒适、稳定等特点。

10. 向心式构图

向心式构图是将元素放置在中心位置的构图形式。这样的画面具有突出元素的鲜明特点,但有时也会压迫中心,使学习者产生局促沉重的感觉。

11. 放射式构图

放射式构图是以元素为核心的构图形式。这样的画面常用于需要突出元素而场面又复杂的场合,也用于在较复杂的情况下产生特殊的效果等。

12. L 形构图

L 形构图是指用类似于 L 形的线条或色块将需要强调的元素围绕、框架起来,起到突出主题的作用。L 形如同半个围框,把人的注意力集中到围框以内,使主体突出,主题鲜明。常用于有一定规律线条的画面。

二、幻灯片中常用的图片格式

1. JPG 格式

JPG 是最常用的一种图片格式,其特点是图片资源丰富、压缩率高、节省储存空间。其缺点是图片精度低,放大图片清晰度会下降。

2. PNG 格式

PNG 图片属于商务风格,与幻灯片风格较接近,非常适合作为幻灯片里的点缀素材,既形象又好用。PNG 格式的图片清晰度高,背景一般是透明的,能与背景很好地融合。但文件较大。

3. wmf 和 emf 格式

这两种格式的图片一般是矢量图,能在取消组合后进行局部编辑。此类图片文件很小,任意拉伸也不会失真。但是这类图片大多数缺乏美感,并且很难找到风格相近的一组图片。

除了 wmf 和 emf 格式的图片外,其他格式的图片都存在分辨率的问题。分辨率较低的图片在投影时会出现模糊不清的情况。从理论上来说,图片的分辨率越高越好,但是分辨率越大,其所占用的磁盘空间就越大。所以,要在图片分辨率和文件体积之间取得平衡。尽量使图片的分辨率要与显示屏或投影仪的分辨率一致(尤其是需要全屏播放的图片)。

三、配色基础知识

颜色的本质是光。光照射在物体上,没有被吸收的部分产生反射,由于物体材质不同,导致吸收的光谱不同,也就形成了不同的颜色。现代常用的色彩体系有两种:RGB 和 CMYK。

按照光线波长不同,光可以分为 R(红色)、G(绿色)、B(蓝色)三个通道颜色,也就是光的三原色。再把每个颜色分为 256(0 ~ 255)个维度,这样就得到了 RGB 数值,比如(0,0,0)(255,255,255)等。

电视、显示器、网页等都采用 RGB 色彩模式。但由于三原色混合不太可能达到纯黑的效果,所以印刷时会加上 K(黑色),这就形成了 CMYK 模式。

除了 RGB 和 CMYK 模式,还有一种色彩模式,即 HSL(色相 H、饱和度 S、明度 L)。我们可以通过三种颜色通道的变化以及它们之间的相互叠加来得到各式各样的颜色。

幻灯片支持 RGB 调色和 HSL 调色。

1. 色彩属性

色彩有"色相""明度""纯度"三个属性。通过改变这三个属性值,可以对颜色进行任意的调整。

(1)色相

色相是指颜色本身的颜色,色相通常被分成 6 种基本色——红、橙、黄、绿、蓝、紫,以及 6 种中间色——橙红、黄红、黄绿、青绿、蓝紫、红紫,共 12 种。

(2)明度

明度是指颜色的明亮程度。颜色中加入白色,明度升高;加入黑色,明度下降。同色系色彩是指同一颜色在不同明度下的色彩表现。

(3)纯度

纯度是指色彩的鲜艳程度。纯度最高的色彩被称为"纯色",随着其他色彩的加入,纯度将降低,色相也会发生变化。纯度最低的颜色是灰色,即无彩色。

2. 色彩色调

色调是指色彩浓淡、强弱的程度。色调是通过色彩的明度和纯度综合表现色彩状态的概念。色调一致时,画面颜色一般都比较协调。色调可分为三种:高色调、中色调、低色调。

(1)高色调:纯色中混合白色形成的色调。

(2)中色调:纯色中混合灰色形成的色调。

(3)低色调:纯色中混合黑色形成的色调。

色调是对颜色的整体评价,在冷暖上可分为:冷色调与暖色调。暖色调一般体现激情、活跃、兴奋等印象;冷色调一般体现稳重、安静等印象。

四、排版基础知识

排版是使合适的元素出现在合适的地方,使得信息的传递与呈现更加合理。

1.图版率

图版率是指图片或图形占幻灯片画面的比率。图版率越高,画面越形象、生动,带给学习者的视觉冲击力就越强。当然,这不是绝对的,图版率的高低与幻灯片表现的内容、应用场合以及要实现的目标有关。

2.视觉度

视觉度是指在幻灯片中不同的文字、图表、图片、动画等元素带给人的视觉强度。

总体来说,动画的视觉度最高,文字的视觉度最低。所以,要少用文字,能用图表用图表,能用图片用图片,动画更是必不可少。

3.版面平衡

(1)平衡与对称

平衡与对称是一种共生关系,平衡与对称能够加深作品的表现力,增强页面稳定感。

(2)节奏与韵律

节奏与韵律是指页面元素按一定规律排列后所产生的感觉,节奏与韵律可以使得页面层次感更强,元素间关系也更加统一。

(3)对比与和谐

对比与和谐可以增加页面间的视觉冲击力。页面对比的部分并不一定完全不同,可以采用部分相同的元素,以产生和谐的美感,同时也赋予页面更多的变化。

(4)比例与尺度

比例与尺度也是体现设计感最基础的形式法则之一。排版时要注意页面各元素之间的关系,保证页面清晰有条理。

(5)主从与重心

主从与重心是指页面元素间的主次关系。当页面的主要元素与辅助元素间有明显差异时,可以使得页面层次感更强,主题也更加鲜明。

各式的人物宣传海报一般都会注意这个细节。

(6)留白与虚实

页面中上、下、左、右都有一部分空白,称为留白。留白并不仅指留出的白色区域,页面所有空白处都应称作留白。留白与虚实也是增强页面空间感的重要方法之一,留白与虚实可以使得页面信息更加清晰直观、一目了然。

4. 正确摆放元素顺序

页面内容的顺序极大地影响着学习者阅读的先后顺序。当学习者的目光注视页面时，他的目光并不会均匀的移动，通常是不规律地、跳跃式移动着。通过图片、文字、颜色和形状、阅读等逻辑顺序来体现不同内容的重要程度，达到引导视觉的效果。

(1)图片

以图片大小来区分内容的先后顺序。大小相同的图片会让人觉得没有主次之分，可以通过将其中一些图片放大，起到增强视觉效果的作用，使学习者看到图片引发有针对性的联想。

(2)文本

以文本大小来区分内容的先后顺序。通过标题、副标题、正文之间"结构化的"顺序，有目的的引导观众从何处开始阅读。

(3)颜色和形状

颜色和形状也可以用来差别化处理内容，特殊的形状更容易引起注意。纯度高的颜色比纯度低的更显眼。多个颜色中如果混入一种不同的颜色，将会十分引人注意。在幻灯片中也可以采用形状来进行区分，仅有两个不同形状时，很难区分哪个更显眼。但是多个相同形状中混入一个不同形状时，不同形状的内容会很容易吸引注意力。

(4)阅读顺序

页面内容的排版情况决定了阅读的先后顺序，一定要慎重考虑当前的排版是否能够让学习者正确地阅读页面内容。人们的视线移动方式通常都是从左上到右下，因此在排版内容时应遵循这个规律，避免不知从何处开始阅读。

5. 突出页面重点内容

突出页面重点内容的有效方法是遵循 KISS 原则。

KISS(Keep It Simple and Stupid)原则是指设计要尽量简洁，没有门槛，让人一下就能看懂。幻灯片也是如此，展示时最重要就是让人理解页面所呈现的内容，而留白就是实现突出重点的方式之一。

突出重点原则在封面页中十分常见。

6. 统一版面

设计幻灯片时需要注意不同页面间的统一、协调，否则单页好看，整体视觉效果显得杂乱就太可惜了，统一版面有以下两个要点。

(1)不同页面的边距都应相同。

(2)固定版式结构一份幻灯片中，内页版式不宜过多，1 ~2 种较为合适。

五、制作 PPT 常用插件

1. Nordri Tools

Nordri Tools 是 PPT 最常用插件之一。许多在 PPT 中需要很多步才能完成的操作，借助 Nordri Tools 只需一步就能完成。

2. OneKey 插件

OneKey(简称 OK)插件可以在 PPT 中轻松实现很多需要借助 PS 才可以实现的特效。

3. PPT 美化大师

PPT 美化大师依靠 WPS 平台,在线素材、资源很丰富。

4. PA 口袋动画

PA 口袋动画是为 PPT 动画而生的一款插件。通过 PA 口袋动画可以快速制作原本十分复杂的动画效果。

5. iSlide

iSlide 是 2017 年发布的插件,界面及功能随版本更新可能会发生变化,请以官网版本为准。

阶段一	
任务名称	设计__________幻灯片制作方案
设计方法	
幻灯片制作方案内容	
成果	□幻灯片制作方案报告(附页)　　□汇报讲稿　　□汇报 PPT

注:根据内容可加页。

阶段二
一、设计人讲解＿＿＿＿＿＿幻灯片制作方案的内容 二、小组讨论每位成员完成的＿＿＿＿＿＿幻灯片制作方案
讲解过程中发现的问题：
小组讨论发现的问题：

注：根据内容可加页。

阶段三
设计__________幻灯片制作方案过程反思
做得好的方面：
需要改进的方面：
指导教师评价：

注：根据内容可加页。

任务二 制作微课

【知识与技能目标】

目标	目标要求
知识	理解微课的概念
技能	1. 能够独立或协同完成微课设计方案,并制作微课 2. 能够独立应用微课开展培训工作

微课(Microlecture)是指运用信息技术,按照认知规律呈现碎片化学习内容、过程及扩展素材的结构化数字资源。

一、特点

1. 时间较短。微课的时长根据学习主题以及学习者的特征的不同而变化,通常成人职业培训微课一般为 10 ~ 18 min。

2. 主题突出。比较传统课堂一节课要完成的众多复杂的培训内容而言,微课一般只讲一两个知识点(如培训中重点、难点、疑点内容),或完成一个小的学习任务,微课的内容更加精简。

3. 资源容量较小。微课视频及配套辅助资源的总容量一般在几十兆左右,视频格式须是支持网络在线播放的流媒体格式(如 mp4、rm、wmv、flv 等),有利于师生流畅地在线观摩课例,查看教案、课件等辅助资源。也可灵活方便地将其下载保存到终端设备(如笔记本电脑、手机、平板电脑、mp4 播放机等)上,适合于线上/线下学习。

4. 资源一体化。微课选取的培训内容一般要求主题突出、指向明确、相对完整。它以培训视频片段为主线"主导"培训设计(包括教案或学案),培训时使用到的多媒体素材和课件、教师课后的培训反思、学习者的反馈意见及学科专家的文字点评等相关培训资源,构成一体化"主题单元资源包"。

5. 主题突出、内容具体。通常一个微课只有一个主题,例如:源于工作实践的问题、工作思考的问题、培训反思的结果等。

6. 传播便利。微课的传播形式多样(如网上视频、手机传播、微博讨论)。

二、结构

微课采用开头、中间、小结三幕式结构,如图 5-3 所示。

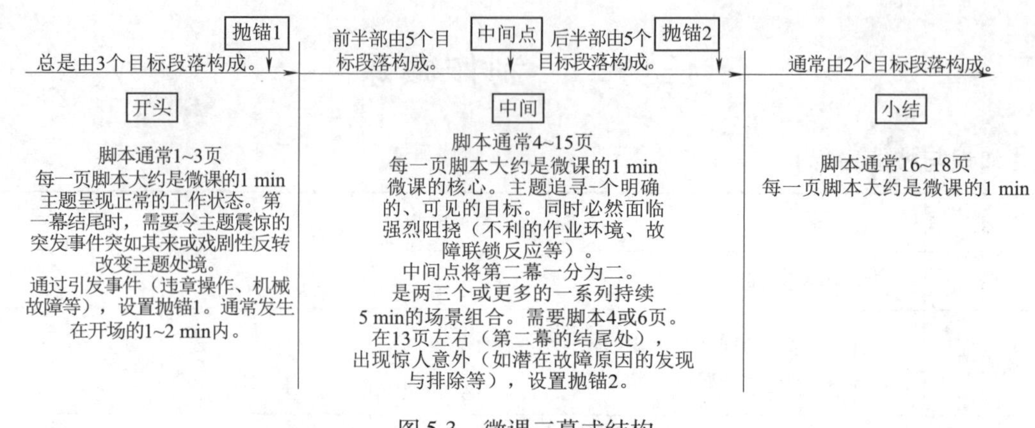

图 5-3　微课三幕式结构

三、分类

1. 按微课的制作方式分类

按照制作方式，微课可以分为拍摄型微课、录屏型微课、软件制作型微课、混合型微课等。

(1)拍摄型微课

拍摄型微课是指所有用摄像设备摄制成的微视频。拍摄型微课可分为课堂实拍型微课、专业室实拍型微课、纸笔拍摄型微课。其中，课堂实拍型微课的制作方式可分为两种：一种是在班级较小的课堂对教师和学习者的活动过程进行全程拍摄；另一种是在班级较大的课堂，只对教师架设摄像机和放置话筒，并且对教师讲解的内容通过投影仪显示在屏幕上。这种微课的特点是能全面、客观、真实地反映课堂的培训情景(如教师的培训状态、学习者的学习行动、师生的互动等)，但视频信息容量偏大、干扰或无关信息多、场景画面变化快，不太适合于学习者自主学习，但适合于教师的观摩学习和反思研究。

(2)录屏型微课

录屏型微课是指利用录屏软件对屏幕上的动态过程及授课者的讲解声音进行同步录制所得的微课。录屏型微课可分为 PPT 录屏型微课、手写板录屏型微课、软件录屏型微课三种类型。

(3)软件制作型微课

软件制作型微课是指运用图像、动画或视频制作软件，通过脚本设计、技术合成后输出的培训视频或动画短片。

(4)混合型微课

混合型微课是指综合运用上述各种开发技术制作而成的微课。混合型微课的制作主要根据培训需要而设计，各种混合型微课都有其独特的风格和特点。例如，拍摄型 + 录屏型微课，可先在录屏型微课中对知识点进行解说和详述，再对操作活动进行拍摄，可用于对理化生等实验性较强的学科的实验培训；拍摄型 + 软件制作型微课，可以在软件的制作过程中加入人物角色，如设置卡通人物与真实人物的对话镜头从而来开发制作具有情境的问题场景，将问题蕴含在故事之中，再引导解决问题，从而获得知识，这是一种趣味性较浓的微课；录屏型＋软件制作型微课，可在录屏型微课中对知识点内容进行详解，再对由软件制作的情境故事中出现的问题进行剖析和解答；拍摄型＋录屏型＋软件制作型微课，它是前三种类型微课的结合体，这种微课形式生动，培训效果也相对较好。

2. 按微课的用途分类

按用途，微课可以分为学习型微课、解题型微课、练习型微课、活动型微课、实验型微课等。

（1）学习型微课

学习型微课主要是为学习者学习新知识而开发的。教师可将课程的重点、难点、疑点和考点等重要知识点制作成学习型微课，供学习者在课前或课后进行学习和深化。

（2）解题型微课

解题型微课旨在短时间内讲解一种经典题型，将解题的思路和过程等完整地展示出来，让学习者学习并起到举一反三的作用。

（3）练习型微课

练习型微课的作用是辅助学习者的课后温习和练习。练习型微课可增加学习者完成课后练习的趣味性，还可以对学习者的学习成果进行检测。

（4）活动型微课

活动型微课是对活动过程进行摄录而成的视频。活动型微课是对具有示范性的动作过程进行拍摄，将后期编辑后得到的视频进行过程重现从而有助于教师进行后期讲解和分析。活动型微课诞生的意义在于，某些动作类实践活动难以用语言描述清楚，在很多情况下，具体示范一遍比用抽象的语言描述所能达到的认知度更高。

（5）实验型微课

实验型微课是针对实验性较强的课程中仪器和设备的使用、实验的操作流程等进行录制而形成的微课视频。这种微课实践性较强，对于实验设备有限的地区，实验型微课的开发在一定程度上可解决教育不平均化问题。让学习者在课前观看实验型微课，可让其提前熟知实验过程，从而在实验中更加容易获得成功。实验型微课还可以解决危险性实验带来的安全问题。

3. 按微课的特点分类

按特点，微课可以分为讲授型微课、情景剧型微课、游戏型微课等。

（1）讲授型微课

讲授型微课是指运用传统的讲授方法开展培训的微课。这类微课适用于新知识的讲授，学习型微课、解题型微课和实验型微课都可以制作成讲授型微课。

（2）情景剧型微课

情景剧型微课类似于情景剧短片，有一定的故事情节和人物，学习者可以通过观看情景剧短片学习并掌握新知识与技能。学习型微课、活动型微课和实验型微课都可以制作成情景剧型微课。

（3）游戏型微课

游戏型微课是依据游戏化学习的概念进行创新设计的微课，是以教育游戏的形式呈现知识与技能，从而给予学习者沉浸式的学习体验，让学习者能够在玩游戏的同时获得知识与技能。学习型微课、练习型微课和实验型微课都可以制作成游戏型微课。

四、微课的开发模式

微课开发模式是指制作微课的完整流程，它包括微课设计和微课制作两大部分。对于不同类型的微课，其制作方法及流程如下所述。

1. 课堂实拍型微课

(1)方法

利用摄像机对课堂中教师、学习者及培训活动进行拍摄并进行后期编辑。

(2)设备、环境

需要摄像机、录音器、计算机等硬件设备及后期编辑软件等。需要专业的拍摄工作者利用摄像机和录音器在课堂上对教师、学习者的教与学活动进行拍摄，需专业视频编辑技术人员将视频导出至计算机，利用计算机上配套的视频编辑软件进行剪切和美化等后期制作。

(3)制作流程

①授课教师需提前确定微课培训主题，细分知识点。

②授课教师进行培训设计，完成教案并撰写微课脚本。

③拍摄团队要对拍摄设备、环境及专业工作人员进行精心准备。

④对教师、学习者及培训内容进行多角度、高质量拍摄。

⑤相关技术人员进行后期编辑和美化工作。

2. 专业室拍摄型微课

(1)方法

①DV 摄像机(或数码相机)+电子白板

在专业微课拍摄室内架设固定的 DV 摄像机(或数码相机)，对站在电子白板前进行授课的教师的授课过程及内容进行拍摄和录音，并将拍摄的视频进行后期编辑和美化。

②DV 摄像机(或数码相机)+绿色磁性黑板+PPT

在专业拍摄室内架设固定的 DV 摄像机(或数码相机)，对站在绿色磁性黑板前拿着 PPT 遥控翻页笔的教师的授课过程及内容进行拍摄和录音，并将拍摄的视频进行后期编辑和美化。

③DV 摄像机(或数码相机)+黑板+粉笔

在有黑板和粉笔的安静教室架设固定的 DV 摄像机(或数码相机)，对利用黑板和粉笔进行授课的教师的培训过程及内容进行拍摄和录音，并将拍摄的视频进行后期编辑和美化。

④DV 摄像机(或数码相机)+白板+白板笔

在安装有白板和白板笔的安静教室内架设固定的 DV 摄像机(或数码相机)，对利用白板笔在白板上书写培训内容的教师的培训过程进行拍摄和录音，并将拍摄的视频进行后期编辑和美化。

(2)设备、环境

需要的硬件设备主要是专业微课拍摄室(教室)、DV 摄像机(或数码相机)、电子白板、普通白板、黑板等；需要的软件主要是视频编辑软件。

拍摄人员和后期编辑人员可以是专业技术人员，也可以是掌握简单拍摄和编辑技术的学科教师。

(3)制作流程

①授课教师需确定微课培训主题，细分知识点。

②授课教师要进行培训设计，形成微教案。

③对培训过程进行拍摄。

④对视频进行后期编辑和美化加工。

3. 纸笔拍摄型微课

(1)方法

将摄像设备用支架固定，对纸笔结合演算、书写的培训过程进行录制，再将拍摄的视频导出，最后对视频进行后期编辑和美化。

(2)设备、环境

需要的硬件设备主要是手机、平板电脑、摄像头、支架等；需要的软件主要是视频编辑软件；此外还需要准备一些白纸和几种不同颜色的笔。

(3)制作流程

①授课教师确定微课培训主题，细分知识点。

②进行培训设计，完成教案。

③选择拍摄环境、完成手机架设并使白纸布满整个屏幕。

④用手机拍摄教师在白纸上书写的培训内容和培训过程。

⑤将视频导出，并进行后期编辑和美化。

4. PPT 录屏型微课

(1)方法

利用录屏软件对 PPT 讲解内容及声音进行同步录制，最后用视频编辑软件进行后期编辑。

(2)工具与软件

需要的工具和软件有计算机、耳机、话筒、屏幕录像软件。

(3)制作流程

①确定微课培训主题，细分知识点。

②培训内容设计，形成微教案，制作 PPT 课件。

③运行录屏软件。

④打开 PPT 课件和录屏软件。

⑤戴好耳机，调整好话筒的位置和音量后开始录制。

⑥导出视频，后期编辑。

5. 手写板录屏型微课

(1)方法

利用录屏软件对手写板上书写的内容及讲解声音进行同步录制。

(2)工具与软件

需要的工具和软件有屏幕录像软件、手写板及绘图软件、话筒、画图工具等。

(3)制作流程

①确定微课培训主题,细分知识点。

②培训内容设计,形成微教案。

③安装手写板软件或绘图软件。

④用录屏软件录制手写板上的培训内容、培训过程和教师的解说声音。

⑤导出视频及后期编辑。

6. 软件录屏型微课

(1)方法

利用录屏软件对其他应用软件的操作过程及讲解声音进行同步录制。

(2)工具与软件

需要的工具和软件有计算机、话筒、屏幕录像软件、应用软件等。

(3)制作流程

①确定微课培训主题,细分知识点。

②培训内容设计,形成微教案。

③运行应用软件。

④运行录屏软件和应用软件。

⑤调整好话筒的位置和音量后开始录制。

⑥导出视频及后期编辑。

7. 软件制作型微课

(1)方法

利用二维动画或三维动画制作软件制作动画型微课。利用三维建模软件、虚拟现实工具制作虚拟仿真型微课。

(2)制作流程

①确定微课培训主题,细分知识点。

②培训内容设计,形成微教案,制作动画脚本。

③根据培训内容利用软件设计制作动画或虚拟空间情境。

④测试动画或虚拟空间情境效果并不断修改完善。

⑤导出动画或虚拟空间情境。

8. PPT 自动播放型微课

(1)方法

利用 Office 2010(或以上版本),或 WPS 中的自动播放功能将培训内容以课件形式呈现。

(2)工具与软件

需要的工具和软件有计算机、Office 2010(或以上版本)或 WPS 等。

(3)制作流程

①确定微课培训主题,细分知识点。

②培训内容设计,形成微教案。

③制作 PPT 课件并配上背景音乐或讲解的录音。

④设置 PPT 自动播放时间。

⑤导出视频文件。

关联知识

微课评价指标分为一级指标和二级指标,各项指标说明可参考表5-2。

表 5-2　微课评价指标及其说明表(参考)

一级指标(分值)	二级指标(分值)	指标说明
规范(10)	材料完整(4)	材料包含微课视频、培训设计方案、微课录制中使用的辅助扩展资料、课件、习题等
	技术规范(6)	视频长度10~18 min;视频图像清晰稳定、声音清楚,构图合理;主要培训环节配有字幕;文字、符号、单位和公式符合国家标准;方便学习者选择停止和继续播放等
培训设计(30)	选题(4)	所选主题紧紧围绕一个主要知识点或主要培训问题,适合以微课的形式展现;有助于学习者事先学习或理解、巩固或扩展所学课程内容
	培训目标(4)	培训目标正确、明确、具体,培训思路清晰;能够解决培训内容中的难点、重点、个性化培训等问题,提高培训效率
	培训内容(7)	培训内容适当、准确,无科学性、政策性错误,能理论联系实际,反映社会和学科发展,能确保培训目标的实现
	学习者(5)	微课培训目标和培训内容适合学习者的年龄和认知发展水平;根据学习者个性差异有相应处理
	培训策略(10)	培训顺序、培训活动安排、媒体的选择等适合确定的培训目标、培训内容和学习者特征
培训实施(25)	培训呈现(15)	培训导入简短顺畅,促进学习者回忆先前知识经验;新内容的呈现能激发学习者学习的动机;培训具有启发性、指导性,有助于学习者建构或巩固知识,形成能力,建立态度
	培训语言、节奏或教态(10)	如有声音,普通话讲解,语言清晰生动,表达能力强;如有教师出现,仪表得当,教态亲切自然大方,展现良好培训风貌;培训节奏适合学习者的学习,具有较强感染力
技术实现(30)	操作与传播展示(15)	便于培训演示操作,能够通过网络便捷传播,具有较强的通用性,易于被学习者在各种技术环境下观看(兼容PC、手机和平板电脑等)
	培训视频制作(15)	选用的制作软件适当,编辑制作准确,符合通常培训和学习环境的使用;视频播放格式兼容性好,主要采用高清、标清标准;文件量适度
培训效果(5)	应用推广(5)	有良好应用效果,受到学习者的普遍欢迎,具有在相关专业或学科上推广的价值
加分(5)	学员网评(5)	作品点击率高、投票较多、学习者评价好;作者与学习者互动良好

<table>
<tr><td colspan="2">阶段一</td></tr>
<tr><td>任务名称</td><td>设计____________微课制作方案</td></tr>
<tr><td>设计方法</td><td></td></tr>
<tr><td>微课制作
方案内容</td><td></td></tr>
<tr><td>成果</td><td>□微课制作方案报告(附页)　□汇报讲稿　□汇报 PPT</td></tr>
</table>

注:根据内容可加页。

阶段二
一、设计人讲解____________微课制作方案内容 二、小组讨论每位成员完成的微课制作方案
讲解过程中发现的问题：
小组讨论发现的问题：

注：根据内容可加页。

阶段三
设计____________微课制作方案过程反思
做得好的方面：
需要改进的方面：
指导教师评价：

注：根据内容可加页。

参考文献

[1] 布鲁姆. 教育目标分类学:认知领域[M]. 罗黎辉,丁证霖,石伟平,等译. 上海:华东师范大学出版社,1986.

[2] 克拉斯沃尔,布鲁姆. 教育目标分类学:情感领域[M]. 施良方,张云高,译. 上海:华东师范大学出版社,1989.

[3] 哈罗,辛普森. 教育目标分类学:动作技能领域[M]. 施良方,唐晓杰,译. 上海:华东师范大学出版社,1989.

[4] 安德森. 布鲁姆教育目标分类学[M]. 蒋小平,张琴美,罗晶晶,译. 北京:外语教学与研究出版社,2009.

[5] 余文森,刘家访. 现代培训论基础教程[M]. 长春:东北师范大学出版社,2007.

[6] 欧盟 Asia-Link 项目"关于课程开发的课程设计"课题组. 职业教育与培训:学习领域课程开发手册[M]. 北京:高等教育出版社,2007.

[7] 乔伊斯,韦尔,卡尔霍恩. 教学模式[M]. 兰英,译. 北京:中国人民大学出版社,2014.

[8] 埃斯蒂斯,明茨. 十大教学模式[M]. 盛群力,徐海英,冯建超,译. 上海:华东师范大学出版社,2020.

[9] 乔勒斯. 如何组织培训[M]. 奚卫华,译. 北京:机械工业出版社,2007.

[10] 西尔伯曼. 如何做好生动培训[M]. 孙丰田,译. 北京:机械工业出版社,2007.

[11] 霍恩,斯特克. 混合式学习:用颠覆式创新推动教育革命[M]. 聂风华,徐铁英,译. 北京:机械工业出版社,2015.

[12] 乔纳森. 学会解决问题[M]. 刘名卓,金慧,陈维超,译. 上海:华东师范大学出版社,2015.

[13] 范梅里恩伯尔,基尔希纳. 综合学习设计[M]. 盛群力,陈丽,王文智,等译. 福州:福建教育出版社,2015.

[14] 马扎诺. 培训的艺术与科学:有效培训的综合框架[M]. 盛群力,唐玉霞,曾如刚,译. 福州:福建教育出版社,2014.

[15] 普林斯. 故事的语法[M]. 徐强,译. 北京:中国人民大学出版社,2015.

[16] 邱昭良,王谋. 知识炼金术:知识萃取和运营的艺术与实务[M]. 北京:机械工业出版社,2019.

[17] 李文德. 情境化微课开发[M]. 北京:电子工业出版社,2016.

[18] 邱昭良. 复盘+:把经验转化为能力 [M]. 3 版. 北京:机械工业出版社,2018.

[19] 陈子超. 微课开发与制作从入门到精通[M]. 北京:人民邮电出版社,2016.

[20] 赛茨,格伦. SAM 课程设计与开发操作手册[M]. 仁脉学习技术研发中心,译. 北京:电子工业出版社,2015.

[21] 雷纳德. 职场必知的幻灯片秘技[M]. 王佑,汪亮,译. 北京:电子工业出版社,2009.

[22] 威廉姆斯. 写给大家看的 PPT 设计书[M]. 卢秀丽,张哲,译. 北京:人民邮电出版社,2011.

[23] 张发凌. 从零开始学 PPT 设计(职场加强版)[M]. 北京:人民邮电出版社,2015.

[24] 李栋. PPT 高手之路[M]. 北京:电子工业出版社,2017.

[25] 张志,刘俊,包翔. 说服力:让你的 PPT 会说话[M]. 北京:人民邮电出版社,2010.

[26] 史蒂文斯,利维. 评价量表:快捷有效的培训评价工具 [M]. 陈定刚,译. 广州:华南理工大学出版社,2018.

[27] 明托. 金字塔原理 · 实战篇[M]. 罗友萍,译. 海口:南海出版公司,2019.